"中国劳模"系列丛书

仁爱教育的践行者：
张正委

魏维　陈博 / 著

吉林出版集团股份有限公司
全国百佳图书出版单位

图书在版编目（CIP）数据

仁爱教育的践行者：张正委 / 魏维，陈博著. --
长春：吉林出版集团股份有限公司，2023.4
（"中国劳模"系列丛书）
ISBN 978-7-5731-3089-1

Ⅰ. ①仁… Ⅱ. ①魏… ②陈… Ⅲ. ①张正委－传记
Ⅳ. ①K825.46

中国国家版本馆CIP数据核字（2023）第039584号

REN'AI JIAOYU DE JIANXINGZHE：ZHANG ZHENGWEI

仁爱教育的践行者：张正委

著　　　者	魏　维　陈　博	
组稿统筹	东北师范大学文学院创意写作研究中心	
撰写指导	余　弓	
责任编辑	王丽媛	
装帧设计	张红霞	

出　　　版	吉林出版集团股份有限公司	
发　　　行	吉林出版集团社科图书有限公司	
地　　　址	吉林省长春市南关区福祉大路5788号　邮编：130118	
印　　　刷	唐山富达印务有限公司	
电　　　话	0431-81629711（总编办）	
抖音号	吉林出版集团社科图书有限公司　37009026326	

开　　　本	710 mm×1000 mm　1 / 16	
印　　　张	9	
字　　　数	90 千字	
版　　　次	2023 年 4 月第 1 版	
印　　　次	2023 年 4 月第 1 次印刷	

书　　　号	ISBN 978-7-5731-3089-1
定　　　价	45.00 元

如有印装质量问题，请与市场营销中心联系调换。0431-81629729

序 言
PREFACE

　　劳动创造财富，劳动创造幸福，劳动创造未来。习近平总书记在2020年全国劳动模范和先进工作者表彰大会上的讲话中指出："全社会要崇尚劳动、见贤思齐，加大对劳动模范和先进工作者的宣传力度，讲好劳模故事、讲好劳动故事、讲好工匠故事，弘扬劳动最光荣、劳动最崇高、劳动最伟大、劳动最美丽的社会风尚。"当今世界，综合国力的竞争归根到底是科技人才和高素质劳动者的竞争。改革开放以来，我们强大的工人队伍用辛勤劳动和拼搏奉献推动中国制造、中国智造、中国创造走向世界的前列，新时代的中国面貌日新月异。大力弘扬劳模精神、劳动精神、工匠精神，加强高素质技能人才队伍建设，打造一支宏大的知识型、技能型、创新型劳动者队伍是伟大时代赋予我们的历史责任。

　　劳动模范是民族的精英、人民的楷模，是共和国的功臣。自改革开放以来，广大职工勇立改革潮头，独立自主，奋发图强，勇于创新，其中涌现出一批批全国劳模和大国工匠，他们参与建设了代表中国高度、中国速度、中国深度的一系列重大工程，提升了国家实力，打造了"中国名片"，树立了"中国品牌"，增添了"中国力量"，充分释放出工人阶级的创新活力，展示出大国工匠强大的创造能力。他们以工人阶级的满腔热忱在各自平凡的工作岗位上创造了辉煌的业绩，书写了新时代的壮丽篇章。

爱岗敬业、争创一流、艰苦奋斗、勇于创新、淡泊名利、甘于奉献的劳模精神，崇尚劳动、热爱劳动、辛勤劳动、诚实劳动的劳动精神和执着专注、精益求精、一丝不苟、追求卓越的工匠精神，是广大劳动群众在社会生产实践中锤炼形成的弥足珍贵的精神财富，是工人阶级伟大品格的具体体现，是民族精神和时代精神的生动体现。民族复兴需要劳动模范，祖国强盛需要大国工匠，中国制造、中国智造、中国创造更需要大国工匠的强有力支撑。劳模、工匠等的成长故事、先进事迹中承载的劳模精神、劳动精神和工匠精神，是激励全国各族人民团结奋斗、勇往直前的强大精神力量。

"中国劳模"系列丛书，采用图文结合的方式，讲述全国劳模、大国工匠和先进工作者的成长经历及他们追梦、筑梦、圆梦的故事，用他们在平凡岗位上创造不平凡业绩的真实故事感染读者，形成劳动最光荣、劳动最崇高、劳动最伟大、劳动最美丽的社会风尚，引导广大技术工人和青少年形成劳动光荣、技能宝贵、创造伟大的观念。

"匠心筑梦，强国有我。"新时代是万象更新、生机勃勃的时代，也是一个继往开来、创新创业和建功立业的大时代。希望广大读者能以劳动模范为楷模，以大国工匠为榜样，立志技能报国、技术强国，踔厉奋发，勇毅前行，锤炼思想品格，汲取劳动智慧，勇于担当、勤于钻研、甘于奉献，为推进新型工业化和乡村振兴，加快建设制造强国、质量强国、航天强国、交通强国、网络强国、数字中国、农业强国，为全面建设社会主义现代化国家贡献青春力量。

中华全国总工会副主席（兼）

中国航天科技集团有限公司第一研究院

211厂14车间高凤林班组组长

2022年11月

传主简介

　　张正委，1975年生，重庆小屋基人，1995年参加工作，现任重庆市渝北区仁睦完全小学校党支部书记、校长。重庆市先进工作者、全国模范教师、全国先进工作者。

　　张正委在成长过程中始终保持着对知识的敬畏和渴求，通过不断学习和积累，一步步从乡村放牛娃成长为一名备受赞誉的人民教师。十年树木，百年树人。从花六村小学到华蓥山中心小学再到仁睦完小，张正委坚守山区教育岗位27年，用自己的实际行动诠释了以"爱岗敬业、争创一流、艰苦奋斗、勇于创新、淡泊名利、甘于奉献"为内涵的劳模精神。张正委深知教育在一个孩子成长过程中的重要性，把爱融入教学活动中，给予学生充分的关心和爱护，用爱为孩子们点燃一盏盏照亮未来的明灯。

1995年6月，张正委回到生养他的故土，开始了他的教师生涯。

2005年，被授予"重庆市先进工作者"称号。

2009年，被授予"全国模范教师"称号。

2010年，被授予"全国先进工作者"称号。

张正委带领教学团队提出了多个教改实践课题，2009年"传承华蓥神韵，培育时代新人"课题立项。他创建了渝北区首批特色教育示范学校，用了不到5年的时间将华蓥山中心小学校办学水平从三等提升到一等。"仁爱理念下'巴学园'建设策略研究"课题，于2019年12月经渝北区教育科学规划领导小组批准，被列为重庆市渝北区教育科学"十三五"规划2019年度规划课题。

目 录 CONTENTS

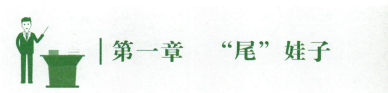

第一章　"尾"娃子

老幺是"政委"

谷雨过后再无寒，人间芳菲已向暖。1975年4月25日，刚刚过去了二十四节气中的第六个节气——谷雨，张家的第六个孩子，也像是为对应天时一般，呱呱坠地了。

位于重庆市江北县（现为渝北区）茨竹区中兴公社六池大队四队的小屋基，是张氏家族聚居的地方。张从寿和刘洪碧在张氏家族生活了几代人的土地上，迎来了他们的第六个孩子——张正尾。在张正尾出生前，同族已经有14个兄弟、9个姐妹，张正尾是同族宗亲里的老幺。

张正尾的父亲张从寿，大名张绍云，在同辈中排行第四，在张正尾出生前已经育有5个儿子。张正尾的母亲刘洪碧一直有个想生女儿的愿望，虽然怀上张正尾时已经44岁，属于高龄孕妇，在医疗技术还不那么发达的20世纪70年代，刘洪碧还是决定将这个孩子生下来。

当得知生下的孩子又是个儿子，刘洪碧强撑的意识突然模糊。躺在产台上的她想到家中的5个男娃，一个念头猛地闪入脑海中——将这个娃送人。

"不然，还是将这孩子送人吧，家里已经有5张嘴了，让他跟着我们也怪遭罪的。"刘洪碧虚弱地躺在床上，眼泪止不住地往下掉。负责接生的医生听见刘洪碧这样说，连忙劝止她的想法。"孩子是从你身上掉下来的一块肉啊，怀胎十月，血浓于水！俗话说养儿防老，你家6个男娃，等他们能干活儿养家了，你俩就能安享晚年了不是？""能不能养活大都成问题，只盼着他们能平安长大就行。"张从寿心疼地看着床上虚弱的妻子，襁褓中传出哇哇的哭声，让他无法遏止地想到之前因病早夭的两个女儿，长叹一声："唉！罢了罢了……也许真的是命中无女！"

躲过了被送人的命运，张正尾的名字也正式被收入族谱中，成了张氏家族的一员。张为姓，正为字辈，尾取收尾、结束之意。当时家里新增成员以后，村民都要到大队的文书处上户口。

大队部不高的围墙是用红砖砌起的，上面写着宣传标语。

办理户口登记的窗口里坐着一个戴着黑框眼镜的年轻人，是当时值班的文书。"老张啊，恭喜恭喜啊，又多了个大胖小子。这娃叫啥名啊？"年轻人笑着询问张从寿。"叫张正尾。""政委？这名字起得好啊——这娃长大了到部队当政委。"文书边打趣边拿起桌上的英雄钢笔打算登记，张从寿突然反应过来，文书把同音的两个字给混淆了，"哎，不是那个政委，是正义的正，尾巴的尾。""尾巴的尾？叫政委多好啊！你再考虑考虑，这名字可得跟娃一辈子啊。"

"正字辈是家族几代人商定下来的，没法儿改啊……"张从寿面露难色，文书见状忙说道："这样吧，单改最后一个字怎么样？"张从寿想，儿子以后如果真应了名字当了政委也是件好事，便答应下来。

这一改，"正尾"就成了"正委"。因"正"字比"政"字少了个反文旁，后来张正委常笑称自己比"政委"少了文化，知道自己的不足，就要持续不断地学习。满招损，谦受益，正是这股学习的劲头，让小屋基的"尾"娃子如鱼跃龙门一般，走出大山。

红星帽

"红星闪闪放光彩，红星灿灿暖胸怀，红星是咱工农的心，党的光辉照万代……"创作于20世纪70年代的《红星歌》是不少"70后""80后"童年的记忆。红星对于张正委而言，更有着特殊的含义。

在街坊邻里一声声"政委"的呼唤声中，小小的张正委心中树立起最初的愿望——我要当解放军！

1978年，田间刚收割完麦子，张正委在重庆北碚煤矿上班的大哥骑着"二八大杠"回家了，军绿色的帆布袋被撑得鼓鼓的。张正委老远就听见村头传来的自行车铃声，开心地跑出家门迎接大哥。

大哥把车停好，一把抱起飞奔过来的张正委，顺手从兜里掏出一块糖喂到他的嘴里。"大哥大哥，你包里装了什么？"张正委两眼放光。

大哥从包里拿出一顶帽子戴到他头上，但是帽子太大，一下挡住了张正委的视线。"唔，这是什么帽子？"张正委把帽子取到手上端详起来，当帽子上的一抹红色和张正委的瞳孔重叠在一起时，一颗闪闪的红星在张正委心中冉冉升起。

"爸爸，你看你看，大哥送给我的红星帽！"张正委抑制不住心中的那份激动，戴着帽子朝着张从寿跑去。张从寿一把抱起奔跑过来的老幺，忍俊不禁："你个瓜娃子，小时戴红星帽，长大当红军。你说要得不要得？""要得！要得！"张正委戴着红星帽心里乐开了花，仿佛此刻他已经当上了政委。

全家都被张正委逗乐，偌大的院子，角落里坐着个孤独的老人。张正委用余光瞥见桃树阴影里坐着的身影。从父亲怀里下来后，张正委把帽子放到老人的手里，老人轻抚着帽子上的红星，嘴唇微微颤抖……

张正委生活的大院，居住的都是张氏族人，叔伯、堂兄弟齐聚一堂，同姓宗族的三代人起居都在一处。但大院中有一间房显得格外凄清，木头窗户框嵌在墙上，连挡风的玻璃也没有，风一吹，寒气就充斥整个房间。

那是张正委远房舅公的房间。张正委家里人说起过，这个远房舅公姓贺，年轻时是刘湘川军的士兵，跟随大部队出川打过日本人，是名副其实的战斗英雄。在一次战役中舅公被敌人的大炮震穿了耳膜，几乎丧失了听力。新中国成立后，土改返乡的浪潮把舅公推回家乡，但家乡已经物是人非。他回到故里时，已经没有一个亲人在世。张正委的爷爷看他可怜，主动联系大队让他在自己的院子里落户，方便就近照料他。

舅公返乡的时候还年轻，爷爷不忍他一直单着没有家室，也曾多次联系媒人给他牵红线。但因为听不到周围的声音，舅公对周围的一切都抱有敌意，古怪的脾气几次让已经谈好的婚事都无疾而终。

老人一直自己住在大院的西厢房，由于孤僻的性格，院里的其他人都对他敬而远之。因为他听不清旁人说的话，大家都喊他"聋舅公"。说来也怪，张正委却和这个古怪的老人格外投缘，常常缠着舅公，让舅公讲讲当年在部队里的故事。和别人沟通困难的舅公，和张正委交流起来却毫无难度，他可以轻而易举地明白张正委所说的话和所作的手势。

吃过午饭以后，舅公就绘声绘色地向张正委讲述起当年部队里的故事，讲到兴头上，舅公还会唱上几句《大刀进行曲》："大刀向鬼子们的头上砍去……"唱歌时，舅公的眼里闪出逼人的目光，他仿佛又回到了当年奋勇杀敌的战场。听着舅公对过往经历的回忆，张正委切切实实地感受到军人的英勇无畏，心中红星的光芒又亮了几分。

人有悲欢离合，月有阴晴圆缺。八十多岁的舅公因为高血压造成眩晕而摔倒中风，住进了医院。

张正委学着家人照顾起中风在床的舅公。每天端饭送水的活儿并不轻松，但张正委坚持了下来。中风在床的舅公看到小家伙忙里忙外的样子，憔悴的脸上不禁露出笑容来。舅公笑，张正委也跟着笑，笑完还不忘抹把汗，对舅公说："舅公，等你病好了，再接着给我讲部队里的故事。"舅公听完，泪水在眼眶里打转，重重地点了下头。

几个月以后，舅公因病情过重离世了。张正委接连哭了几天，把眼睛都哭肿了。想舅公的时候，他就会戴上那顶红星帽，坐在庭院的桃树下，听风吹响树叶，就像在听舅公讲从前的故事。

牛背上的读书娃

虽然有五个哥哥，但排行老六的张正委从小就十分懂事。生产队繁忙的农事，几乎将张正委父母的身体压垮。张正委看在眼里，疼在心里，决心尽自己的所能为家庭分忧。

每天天才微亮，张正委就揉着惺忪的睡眼起床了，父母下地干活儿，他割猪草。喂饱猪圈里的两头黑毛猪以后，他又接着到鸡圈给鸡补充吃的谷物。

等到一切事情忙完，张正委背起打了几个补丁的帆布包，牵着家里的牛前往学校。当时张正委读的是花六村小学。二十世纪七八十年代的农村小学基本上都是生产大队自己兴办的，教室里虽然有桌椅板凳，但桌椅的高低大都不同。一块被漆成黑色的木板，就是学生们汲取知识的源泉。

离学校还有一里远，就能听见从学校传出来的琅琅书声，张正委牵着牛，步子不由得加快了一些。张正委把牵牛的绳子拴在学校门口一棵大杨树上，迫不及待投进了学校的怀抱。

"牧童骑黄牛，歌声振林樾……"今天学习的古诗是袁枚的《所见》，下课铃已经打响，张正委仍旧沉浸在古诗的意境里。

"张正委！你家牛跑了！"教室外的李华大声叫嚷着。

张正委立马从听诗中抽离出来："牛！我的牛！"

拴牛的绳子松了，牛冲向旁边的池塘。因为天气过于炎热，估计是牛想趁着主人不在偷摸地冲个凉，没想到被下了课的张正委给抓了个现行。

看见牛跑了，张正委又急又气，看热闹的同学围了过来，张正委只觉得脸像火烧一样。

"你……你快上来啊……"张正委急得冲牛大声喊，很快他就深刻地体会到了什么叫"对牛弹琴"。

牛把屁股往池塘里一沉，干脆就赖在里面了。露出水面的眼睛透着一股子倔强。张正委一脸无奈，只好走到池塘边挽起裤管下去牵牛。还好这头牛还算通人性，看见主人浑身湿透来牵自己，自觉地站起来走出了池塘。

张正委轻车熟路地爬上牛背，回味起课堂上老师教授的诗歌。

到家还有一段路，张正委就坐在牛背上温习当天的功课。牛慢悠悠地走在土路上，张正委在它背上专心看着书。"尾娃子，你爸让我打的铁锤打好了，啥时候来取啊？"王铁匠朝着张正委喊，连喊了几声，张正委才从书上挪开视线："哦哦！王叔，明天我老汉（方言，指父亲）要上工，我让他晚上过来拿。"王铁匠笑道："这个尾娃子！看书咋那么得劲呢？"时间一久，村里人都知道了小屋基有个牛背上的读书娃。

"'书中自有黄金屋，书中自有颜如玉。'看书多好，从寥寥几页纸就能了解到外面的世界。听说城里的图书馆比咱们小学还大！有机会真想去看看啊。""哞——"一人一牛，身边不时有微风拂过。

松树杈

1980年9月，中央下发文件，肯定了在生产队领导下实行的包产到户制。

那年张正委五岁，家里承包了一块田地。看着父母在田间忙得热火朝天，张正委也跑去帮忙，赤着脚丫子踩在松软的红土地上，他感受到了太阳的温度。父母是孩子最好的老师，张正委边看边学。

张从寿放下手里的锄头，拿起水罐喝水的工夫，张正委已经来到他脚边，试着拿起又重又长的锄头。

等着张正委的是一个大趔趄，因为失去重心趴在地上，他吃了满满一嘴红土，把站在一旁休息的父母逗得呛了口水，哈哈大笑起来，羞得张正委一溜烟就跑没影了。

拍拍裤子上的红土，张正委装作没事人一样和小伙伴们打成一片。玩游戏的时候，张正委展现出自己的爬树天赋。在玩抓人游戏时，眼见小伙伴就要抓到自己，张正委心生一计，准备爬上面前的大树。小伙伴原以为胜券在握，却没想到张正委三步并作两步，脚底生风，蹲下身体用力往上一跃，接着手脚并用爬到了大树的树杈上。小伙伴还在愣神，张正委已经一脸悠闲地坐在树杈上了。

掌握了爬树这个技能，张正委就幻想着凭着这个技能学连环画里的侠客扶危济困。

很快，他的机会就来了。父母在忙完责任田的农务后，总是顺带着将旁边的一块责任田的农活儿也做了。张正委问过父亲才得知，那是艾方罗家的责任田。

艾方罗家在张家大院的北边，独院里生活着一对年迈的夫妻，男人叫艾方罗，女人叫余发兰。

老旧的土坯房只在东边开了扇窗户，用块红蓝相间的破编织袋遮着。房屋上的瓦几乎快要掉尽，夫妻二人在这间屋子里一住就是半辈子。

艾方罗年轻时得了场风寒，名医看过之后，说他病灶在肺，这病不是一朝一夕能够治好的。久而久之这个肺病就成了顽疾。天气一变，老毛病就犯，他就用汗帕遮着嘴巴咳个不停。一咳起来，手脚疲软无力，什么农活儿都做不了。余发兰也是个可怜人，很小的时候就被医生诊断为佝偻病。

一天，快到饭点时，张正委路过艾方罗家门口时闻到一股湿柴火的气味，就悄悄透过门缝一探究竟。原来是艾方罗家正在烧火做饭，没有干的柴草，夫妻俩便用一些还没晒干的湿木头，吃力地烧着火。潮湿的木头被火轻轻一燎，就冒出刺鼻的白烟，呛得艾家夫妻鼻涕一把泪一把。

"幺儿，跑哪儿去了？该吃饭喽！"趴在门口偷看的张正委听见母亲在喊自己，内心打定了一个主意。

小屋基南边的山虽然不高，却长满绿植，其中以松树居多。生活在小屋基的人都知道，山上的松树杈是最好的燃料，但因为取材困难，大部分人只能在树下干瞪眼。

天刚蒙蒙亮，张正委就提着柴刀上山去了。他打定主意要在太阳挂到天幕正中时，把砍下来的干松树杈送到艾家去。张正委一想到自己"爬树"的技能快要大显威力，连爬山都不觉得累了。

中午时分，艾方罗听到有人敲门，疑惑着开了门。张正委立在门外，背后拖着一捆干松树杈。

"尾娃子，你这是干啥？"艾方罗吃惊地问。

"没啥，今天周六学校没课，我上山砍了些松树杈，您看看这些够用不？"

艾方罗的泪水在眼眶里打滚："你自家的柴火够用吗？"

"够用，五哥他们勤劳着呢，家里的柴火都快堆不下了。"

艾方罗朝着这个只有他半个身子高的尾娃子不停地道谢。

"艾叔你就别和我客气了，没柴火的时候和我说啊，我帮你们去山上砍。"

张正委知道艾家夫妻俩怕麻烦别人，所以没等他们的柴火用光，就趁着周末的时间，帮他家砍下足够的柴火，他自己也从中体验到了帮助别人的快乐。

　　艾家夫妇在世的日子里最常提起的一句话就是："尾娃子是个好娃！"虽然现在两位老人已经作古，但一提起张正委的名字，乡里人总免不了念一句："尾娃子是个好娃！"

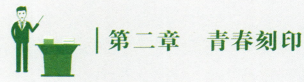

第二章　青春刻印

担煤赚学费

"正委！咱家的条件就这样，你放弃读书吧。"父亲的一句话宛如晴天霹雳一般击到张正委的心上，那是1988年7月的一天，他刚收到茨竹区中的入学通知书。

几个哥哥已经成家，带着各自的儿女单独过日子，家里只有父母苦苦支撑，张从寿自知凭这点儿微薄的收入难以供养即将上中学的张正委，所以选择在这天将心里最不想说的话掏了出来。

张正委听了父亲的话，左手紧紧地捏着刚收到的入学通知书，眼神坚定地望着父亲，缓缓说道："爸！我要读书！学费的事情你们不用操心，我会想办法解决的。""唉——"父亲长叹一声后拍了拍张正委的肩膀："是老汉对不住你……"

怎样才能解决学费不足的问题？无数个念头涌现在张正委的脑海中，忽然他想起了离家不远的那家刚开没多久的煤场——水蜡沟煤场。

张从寿得知张正委想去担煤赚取学费，起初是不同意的，煤矿里的环境有多艰苦，他怎会不知道！"那太苦了，你会吃不消的……""只要能继续读书，再苦我也不怕！"张正委坚定地说。父亲拗不过儿子，只能点头同意。

煤矿洞并不很大，洞口黑漆漆的，有煤矿工人顶着草编的安全帽从洞里陆续将煤拉出来，车将煤一倒又顺着出来时的铁轨滑回去。

张正委一出现在矿场上，顿时引来不少目光和议论。

"那不是老张家的孩子吗？怎么到这儿来了？""还拿着竹筐和扁担呢，你看。"脸上沾着煤灰的工人们议论纷纷。张正委却一点儿也没感到紧张，他一想到新学期能坐在茨竹区中宽敞的教室里看书学习，身上似乎就有使不完的劲儿。矿工刚子走过来拍拍他的头："知道你这个娃懂事，但也不能太逼自己，不行就和叔说。"

挑煤炭必得有一套行头——一根扁担和两只竹筐。张正委的任务是将从车上卸下来的煤挑到旁边停着的卡车上，按斤付工钱——5分钱100斤。

因为平时帮父母干割草等农活儿的缘故，张正委把两只竹筐装得满满的，两边加起来少说也有个80斤。装完煤，张正委活动活动筋骨，准备大显身手。

一个矿工顶着"熊猫脸"，建议张正委最好分两趟挑。张正委也不是没想过，但刚子叔是按斤数付给张正委工钱的，挑两趟意味着降低了效率。

"一趟就能挑。没必要分两次挑。"张正委说道。

看到张正委这样坚持，矿工也不再说什么，只是默默地打量他的小身板。

张正委站到扁担下，把扁担担到肩膀上，大腿往上一发力，两个筐就稳稳地被挑了起来。"嚯，小伙子，厉害！"周围的工人看见这一幕，纷纷对张正委竖起大拇指，张正委只是"嘿嘿"一笑，迈起大步就朝卡车走去。

两大筐的煤压在张正委小小的肩膀上，说不累那是假的。竹扁担一下接一下地磨着他的肩膀，皮肤红得好像快要流出血来，还好有以前挑猪食时磨出的茧可以稍微抵挡一阵。

一个小时后，张正委早已没了刚挑起扁担时的那种意气风发，感觉两个筐的分量越发重了，双腿像绑了沙袋一样，肩膀也被担子磨破了皮，张正委咬牙坚持着。

距离目的地已经很近了，但此时张正委的体力似乎到极限了。

"再挑一担！"张正委满头大汗地喃喃自语着，"再挑一担……"就这样，在一担担的计量中，他将煤转运到卡车上。结束时，张正委累得一屁股坐到地上大口喘着气。

到矿上的第一天，他让矿上的工人都开了眼。这个看上去身体瘦弱的13岁孩子身上竟藏着如此巨大的能量。他们好奇张正委为什么这么卖力，张正委总是那句不变的话："我想继续读书！"山里的人也向往外面的世界，但走出乡村的道路他们都明白，只有读书这一条。

张正委拖着疲惫的身体回到家，父母特地给他做了碗鸡蛋羹。一家三口围坐在一起吃着饭，没人说话。正大口扒饭的张正委忽然瞥见父母眼角还没干透的泪痕。

"要是能重来，我要选李白"

"要是能重来，我要选李白，创作也能到那么高端，被那么多人崇拜……"张正委女儿的手机里正播着流行歌曲。"'我要选李白'，这歌词挺有意思，想当年你老汉我写的诗可好了，只不过……"张正委苦笑着摇了摇头。

对于小学毕业生来说，中学时代是人生发展的新阶段。

1988年9月，在攒够学费后，张正委如愿以偿地踏上了继续求学的道路，来到了当时的茨竹区中，也就是现在的华蓥中学。当时班里能够考上乡中的同学只有一半左右，升入区中更是难上加难，上学路上，张正委脊背挺得直直的。

在区中上学的第一个学期，张正委的作文被老师当作范文在班级朗读，给班里的同学学习，张正委也因此多了个爱好——创作。

直到暑假帮家里人做农活儿时，张正委还回味着自己的作文被老师朗读的感觉，懵懂之中树立了个模糊的理想：当个像李白一样的诗人！

说干就干，等到第二个学期一开学，张正委一口气写了十多首小诗，认认真真地用正楷将新创作的诗歌统一誊抄在一个新的本子上。课余时间，张正委就成了语文老师的"小尾巴"。在语文老师的记忆里，张正委是个热爱学习、努力上进的孩子，最喜欢缠着他，让他帮忙修改诗歌。但很快发生的一件事，像雪崩一样，盖住了张正委心里的那团火。

1988年入冬以后，茨竹区的雪很快就降了下来，一场接着一场。刺骨的寒冷侵扰着这些衣着单薄的孩子们。天寒地冻，他们被"画地为牢"，不敢踏出教室一步，生怕一不小心就被冻成冰雕。

诗人是敏感的，不论是在狭窄的小屋里，还是在嘈杂的大街上，诗人的感觉都伸展着，穿透了日常生活的繁杂现象。触景生情显得理所应当，张正委随即就创作了一首"诗"：

"雪下三天后，冰雪无数尺。车轮往上过，毫无半点失。"

张正委把这首诗抄录到绿皮笔记本里，用手轻抚着这本"未来的诗集"，然后将它悄悄放到语文老师的办公桌上，里面夹上一张纸条，写着：望老师批阅点评。

之后的语文课，张正委显得忐忑不安，他一直期待着老师对他新创作的诗歌进行点评，讲台上却迟迟不见那个绿皮笔记本的影子。在那一个月里，他紧张得不敢直视语文老师的眼睛。

直到一天傍晚，张正委远远地看见语文老师正在操场上散步。犹豫半天后，他还是鼓起勇气走上前去和语文老师打了招呼，试着问起关于那个绿皮笔记本的事。

刘老师听完微微一笑，便将张正委带到办公室，将那个精致的绿皮笔记本郑重地交到张正委的手上。

⊙ 1989年11月，14岁的张正委（中间）和初中同学合影

"正委啊，老师问你，你的理想是什么？"

"当个像李白那样的诗人！"

"那可要加油啊，这本子上的诗我已经都看过了。整体上看，这几首不能算作诗，相比于诗歌，或许叫顺口溜更为合适，想当诗人，你要学的东西还有很多哦。"

顺口溜？这三个字像烧红的烙铁一样烙到张正委心上，让张正委愣在原地。在搁笔一段时间后，张正委还是继续在绿皮本子上写着诗，不过他再也没勇气拿给老师改了，但他坚持练笔的习惯为他后来在江北县师范学校读书时进入文学社打下了基础。

在厕所里开眼界

1989年的开春，重庆大地从严冬的寒潮中醒来，寒假刚结束，张正委就听说茨竹区新建了一所财政学校，它承担着为财政系统进行人员培训的重要职责。

新建起来的学校，里面的基础设施无一不透着现代化的气息：白得发亮的墙壁、木铁材质的课桌、整洁干净的食堂，还有计算机教室。大家得知区里的财政学校落成，特别是听说里面有计算机房，都难以抑制好奇心，在课堂上小声地议论起来。

当时张正委在茨竹区中读初二，班主任叫曾祥龙，年纪不大，却十分关心学生。

曾老师看学生们像小麻雀一样叽叽喳喳，想了个办法，"同学们，咱们现在先保持安静，如果能一直保持到下课，下午我就带大家到新学校里逛一圈，怎么样啊？"

曾老师的提议得到了学生们的积极响应，一个个端端正正地坐着，生怕因为自己表现不好，拖了集体的后腿。

下午，在征得学校领导的同意后，曾老师遵守约定，领着一群孩子来到了新建成的财政学校里。他交代孩子们，允许他们参观学校里新建成的教学楼，但计算机房除外。

得知不能参观计算机房，同学们多少显得有些失望，但设施齐全的新学校还是吸引着一双双好奇的小眼睛。

"那个……老师，我想上厕所……"一只手从队伍里举起来，曾老师一看，原来是张正委。"去吧去吧，同志，厕所在哪里？"曾老师问陪同的工作人员。"教学楼一楼拐个弯就是。"工作人员刚指了路，张正委就捂着肚子离开队伍去找厕所。

"新建成的教学楼好大啊……"张正委心里感到震撼，但令他更惊讶的还在后面。

一楼拐角处的厕所，差点儿没把张正委的下巴惊掉，因为这里的厕所实在太干净了！新学校的厕所完全刷新了张正委脑海里对于厕所的定义。20世纪80年代的农村厕所通常只是简陋的旱厕，几堵围墙简单遮挡，里面是一排蹲坑，高档点儿的是"单人间"，条件也十分简陋。

之后，国家推动改水、改厕、健康教育三位一体的爱国卫生运动，厕所的环境有了极大的改善，这所新学校正是乘上了改革的春风。

厕所实在太干净，墙上挂着新的小便池。张正委纳闷，这可怎么"解大手"啊？直到看到后面独立的陶瓷坑位，他才恍然大悟。

等回到队伍里，张正委迫不及待和小伙伴们分享在厕所里的见闻。虽然他们这次没有看到计算机房，但如此现代化的厕所，还是让这群农村娃开了一次眼界。张正委突然有个大胆的想法："要是以后我当了校长，一定要建一所基础设施比财政学校还好的学校。"

"借"读记

1991年9月，由于家庭的原因，远在茨竹区中求学的张正委转学到了离家稍近的华秦乡中。开学第一堂课上，张正委简单地做了自我介绍，大家就开始好奇地打量起这个叫"政委"的同学有什么不凡之处。

华秦乡中的条件和茨竹区中比起来，要相对艰苦一些。环境虽然变了，但也更加磨炼了张正委的意志，提升了他的学习热情。

那时华秦乡中正在新建教学楼，学校安排各班级的学生参加义务劳动。恰逢新学期周一下午的劳动课，大家都从家里带来箩

⊙ 1989年9月，14岁的张正委（蹲在左边石栏杆上第一者）和老师、同
　学参观茨竹财政学校合影

筐挑建筑所需的碎石子。

张正委脚边放着"身经百战"的箩筐，里面还残留的黑色煤砟子，记录着当年担煤的日子。

随着老师一声令下，同学们开始往箩筐中装起碎石子，他们需要将碎石子从下操场送到上操场。大部分同学未能完成规定的次数，有的甚至没将箩筐装满就挑起了担子。

人能糊弄别人，但永远糊弄不了自己。张正委深深明白这个道理。两只箩筐装得满满的，少说有几十斤重。这让他想起当年在矿上担煤的时候，仿佛那些日子就在眼前。

有同学担心他挑不起来，但张正委只是简单地回答了一句："没问题！"装满碎石子的箩筐在张正委的肩上一颠一颠的，他的脸上竟不自觉泛起了微笑。或许前段时间他还在为转学的事情而感到郁闷，但在汗水的洗礼下，似乎一切都释然了。

张正委在新学校里不仅劳动时冲在最前面，学习的劲头也依旧不减。

因为在茨竹区中打下了良好的英语基础，当其他同学还在羞于怎样开口说英语时，张正委已经成了班级英语课上勇于提问的人。遇到不懂的问题，张正委便向英语老师请教，后来在全国中学生英语竞赛中获得了三等奖。

和张正委同班的同学很快发现，张正委不仅英语好，语文也好，甚至数理化各个科目都不在话下。张正委学习的秘诀是什么？这让同班的同学好奇不已。在不断的观察中，他们终于发现了张正委的学习秘密。

⊙ 1991年，16岁的张正委（第五排右三）和初中同学合影

原来张正委是名副其实的"书痴"，谁的手上要是有本他平时接触不到的课外读物，他总会想着办法将书借到手。

有一次，班里的一个同学正在教室里看《星星诗刊》，张正委似乎嗅到了知识特有的香气，悄悄挪到那位同学旁边和他一起看，把看得正认真的同学吓了一跳。张正委却顾不得同学的反应，似乎已经沉浸到书本里。直到同学要将书收起来，他才想起来借书，弄得同学忍俊不禁。那名同学忙解释书是向班主任借的，自己也做不了主。

在征得班主任的同意后，张正委又陆续向班主任借阅了《三国演义》《荆棘鸟》《聊斋志异》等书籍。广泛的阅读扩展了张正委的知识面。

鸟欲高飞先振翅，人求上进先读书。嗜书如命的张正委，在借书求知中度过了少年时光。

"黑化肥会挥发"

1992年7月，张正委考入四川省江北县师范学校。提着行李走在去宿舍的路上时，听着来自其他地方的同学说着流利的普通话，张正委心里紧张得直打鼓。

按照当时的要求，"三字一话"属于基本功。"三字一话"指的是钢笔字、毛笔字、粉笔字和普通话。师范学校是为国家储备师资力量的重要基地，为了让学生能够讲好普通话，学校开设了语音矫正课，在这门课上，张正委学得比谁都卖力。

上课第一天，张正委见到了这门课的指导老师——赵良英。当赵良英迈着轻快的步子走上讲台时，全班同学的注意力都被这位面容清秀的老师吸引了。

"同学们，你们知道什么是普通话吗？我们为什么要学习它？"宛如电视台播音员的声音传到同学们的耳朵里，台下瞬间就炸开了锅。乡里的孩子第一次听到这么标准的普通话，不由得在讲台下窃窃私语。

赵老师微笑着示意他们安静，鼓励他们如果在这门课上多花些心思，就能说得比她好。赵老师还提醒台下的同学要谨记肩上承担的责任——为国家培养人才。老师是学生的镜子，学生是老师的影子，如果老师都不能够熟练地运用普通话，那他们怎么能要求学生讲好普通话呢？张正委听着赵老师的话，默默思考着。

在赵老师的点拨下，大家渐渐明白了学习普通话的重要性和意义。赵老师按照教学计划为同学们正音，她指定教材上的一个段落让同学们朗读。听着同班同学时不时冒出的几句夹带方言的普通话，张正委强忍着不让自己笑出声。

眼看着即将轮到自己，张正委紧张得手心直冒汗，眼睛不离书本，强装镇定。前面的同学刚坐到座位上，张正委立马从椅子上弹起来，磕磕巴巴地读完了素材。不出所料，张正委"h""f"不分的普通话成功击中了同学们的笑点。张正委恨不得当时就找个地缝钻进去。

在听完赵老师的点评后，张正委终于明白了自己发音的问题，总结起来就三点："h""f"不分，平翘舌发音不清晰，前后鼻音不分。张正委暗自下定决心：一定要将普通话学好！

自从那天的语音矫正课结束后，张正委抓住一切机会学习、练习普通话。不只是语音矫正课，每节语文课一开始，张正委总是主动举手诵读课文，平时看到作文题目，也会进行口头作文的训练。万事开头难，刚开始训练时，张正委老觉得自己的方言腔调很浓，憋得满脸通红，结结巴巴。

当时的语文老师曾宪伦看到张正委努力的样子，肯定了张正委训练的刻苦，并鼓励他继续坚持下去。针对张正委"h""f"发音不准的情况，曾老师还给他想了个绝招——练绕口令。

"黑化肥发灰，灰化肥发黑。黑化肥挥发会发灰，灰化肥挥发会发黑……"一套绕口令下来，张正委真觉得舌头都不是自己的了。他直纳闷儿：黑化肥到底是发灰还是挥发？

寒来暑往，春去秋来。同学们不论是上课还是下课都能听到张正委在练习讲普通话。张正委通过日复一日的勤学苦练，终于摆脱了茨竹方言口音对他说普通话的影响。

而张正委也掌握了曾老师的"黑化肥会挥发"秘籍，打算在适当的时候分享给"h""f"不分的有缘人。

⊙ 1992年12月，17岁的张正委（第三排右一）在江北师范读书，和同学
参加"纪念一二·九运动"歌咏比赛

凹凸文学社

游龚滩古镇

百里画廊千年镇，一江阻断渝黔人。

晨起越岭暮当归，还至中途宿山林。

在江北县师范学校就读时的某个课间，张正委掏出那本绿色软皮的笔记本，记下一首自己灵光一闪蹦出的诗。张正委深知：有时忽得惊人句，费尽心机做不成。从小酷爱写作的张正委，一直保持着创作的习惯，虽然当初诗歌写得像顺口溜，但在日复一日的积累下，张正委的创作水平正在逐渐提升。

担任张正委班主任的唐守江老师提出了一个倡议：成立文学社团，让同学们推荐合适的社团成员人选。语文成绩优异的张正委无疑成了最佳人选。

在曾祥龙老师的指导下，江北县师范学校的第一个文学社团应运而生，一群热爱写作的人因为共同的爱好聚到了一起。集合社团成员的智慧，文学社有了个特别的名字——凹凸。"凹凸"隐喻人生之路起伏不定。张正委希望社团的成员能在起伏不定的人生中固守自己的本心。

社团成立后，在社团成员的期待中，张正委挑起了文学社主编的重担。张正委感到心里尘封已久的那个关于文学的梦想第一次与自己离得这样近。首次担此"要职"，张正委铆足了劲儿想干好，单是平时社团活动的内容他就下了一番功夫。

什么样的活动能调动起社团成员参与的积极性呢？张正委和曾老师经过一番讨论，商定了到学期末前举行的各项活动。有读书报告会、小小说创作讲座、诗歌朗诵会、散文诗歌创作大赛等。

在读书报告会上，张正委每周都会给社团成员推荐两本必读的图书，并要求社员做好相应的读书笔记。社员们每周六上午在社团活动部集合，分享自己的读书感悟。分享时，大家要做到文字通顺，表达流畅，不说空话、套话。书籍是人类进步的阶梯，张正委想通过这种方式促进社团的成员养成阅读的习惯，体会阅读的快乐。

20世纪80年代开始，小小说异军突起，遍地开花。出自《淮南子》的《羿射九日》《嫦娥奔月》就是小小说的雏形。茅盾说这样的文学作品是小说家族中的一个成员，作为一种顺应时代潮流的崭新文学体裁有它吸引年轻人的独特魅力。社员们也自然地被吸引了，热情地投入小小说的创作中去。

有一次，张正委在某科学杂志上看到德国正进行的一项研究，说朗诵诗歌不但能激发人的爱心共鸣，还能起到缓解压力的作用。他就想："我们为什么不举办一次诗歌朗诵会呢？"朗诵需要朗诵者具备一定的文学修养，能够独立分析文学作品；同时

⊙ 1994年11月，19岁的张正委（第二排左三）与江北县师范学校的同学
在书画篆刻展后合影

也要求朗诵者具备一定的语音功底，正确使用语音的表达技巧，才能在朗诵时给听众美的感受。张正委将想法说给社团成员们听，得到了大家的肯定。诗歌朗诵会如期举行，大家围坐在一起，在抑扬顿挫的诗朗诵中，沉醉在文学的海洋中。

在凹凸文学社中，张正委一头扎进书的海洋中畅游，像一块海绵积累着知识，教室里、林荫道旁、宿舍里都留下了张正委和书的合影。

第三章　梦起华蓥

再遇恩师

1995年6月，张正委结束了三年的中师学习生活，回到华蓥任教。踏出校门，回到这块生养自己的土地上，张正委觉得吹过的风都是温柔的。铺满鹅卵石的小路、布满荆棘丛的山间、带着时代气息的土瓦房……再次看到这些再熟悉不过的景象，张正委觉得无比亲切。

张正委把教委的派遣通知书小心地收在打了补丁的帆布包里，怀着激动的心情走进了小学时的母校——渝北区华蓥山镇花六村小学。

校门外当年拴牛的杨树似乎没有受到时间的侵扰，安详地晒着太阳。旁边水牛泡澡的池塘早已改为农田，栽上了农作物。这么多年过去了，学校的样貌早已焕然一新，从以前的土坯房，变成了砖混结构的教学楼。走进教室，不再是以前高矮不一的桌子板凳了，而是标准高度的课桌板凳。

看着那一张张摆放整齐的课桌，张正委似乎已经看到班级学生那一张张天真无邪的笑脸。张正委到校长室报到，顺便了解了他即将接手班级的情况。不问不知道，一问吓一跳。张正委万万没想到，初出茅庐的自己即将接手的居然是全镇闻名的特差班。

五年级某班，班级成员情况特殊：三个学生因基础太差，每次考试的成绩都非常低。原本因为情况特殊，三名学生的成绩可不纳入班级总成绩，但学校领导经过商讨后认为对待所有的学生都应该一视同仁，应将所有学生的成绩都计入期末总成绩。

虽然出发点是好的，但是这样一来，三个成绩过低的学生势必会拉低班级的平均成绩。身边的同事对张正委表示同情，一致认为这学期全镇倒数第一非他们班莫属。

初生牛犊不怕虎，张正委认为相较于成绩来说，采用什么样的方式来唤醒那三位学生对于学习的兴趣才是当务之急。

正当张正委一筹莫展时，"尾娃子？"一个熟悉的声音叫住了正在操场踱步的张正委。张正委回头一看，原来是自己小学时的语文老师——肖银芳。

"听说今天有新同事入职，我有书落在学校，顺道过来看看，没想到是你啊！"肖老师说完哈哈大笑起来。张正委没想到再次遇到恩师，是以这样的方式。他和老师边说边走，唠家常也聊工作。

在学校，肖银芳和张正委的关系如师徒如朋友。工作中，张正委不懂就问；晚上在宿舍备课时，碰上棘手的问题，张正委也会连夜打起手电，赶四五里的夜路到肖老师家里请教。

肖银芳见自己的这个学生在工作时也保持着"牛背上学习"的热情，倍感欣慰。他对张正委提出的问题有求必应，将自己的

⊙ 1996年8月，张正委（右）在花六村小学任教时，利用暑期和肖银芳老师整理学校档案

工作经验倾囊相授，毫不保留。后来，肖银芳还成了张正委的入党介绍人，甚至还当起月老，给学生牵了红线。

针对张正委班级的特殊情况，肖老师给张正委一条锦囊妙计："从后进生入手，兼顾其余学生。"张正委如获至宝，结合自己的一些想法，总结出了"三个关注"：关注学生的习惯养成，关注学生的身心健康，关注学生的素质发展。

一位教师只有内心充满着对学生的爱，才会觉得学生的一切都是可爱的，哪怕是各方面都不优秀的学生。而张正委就要做这样的老师。

心灵捕手

苏霍姆林斯基说："我认为教育者的首要使命，在于帮助自己的学生赞赏道德美，并被这种美所鼓舞，使他坚定地相信，美和真理总会胜利的。"

教育不仅是一门科学，而且是一门艺术。教育并不是看上去那么简单，而是有其复杂性，需要教师能够敏锐地感受到学生身上属于个性的东西。在张正委初入教育行业的阶段，班级里后进的学生中，一个男孩儿给张正委留下了深刻的印象。

杜为民（化名）是张正委班上身高最高的学生，座位在教室的最后一排，一双眼睛在有些脏乱的头发下回避着讲台上老师的目光。

张正委正式接手班级前，代班的老师就向张正委介绍过杜为民，提醒张正委要重点关注他。听完前任老师的描述，张正委很难相信一个五年级的学生，居然连自己的名字都还写不正确。

杜为民不光是名字不能书写正确，他的语文成绩也吓了张正委一跳：满分100分的卷子，他只能得到20分。张正委了解到，杜为民总是缺课，这样一来，成绩自然好不了。

张正委接手班级的两周后，不出意外地，杜为民逃课了。明晃晃的两个叉打在班级的考勤本上。杜为民连续两天缺课，让张正委心里很不是滋味。他不断反思是不是自己在教学过程中有什么问题，让学生提不起学习的兴趣。这时肖银芳老师的一句话点醒了张正委："教育者应当深刻了解正在成长的人的心灵，只有在整个教育生涯中不断研究学生的心理，丰富自己的心理学知识，才能成为教育工作中的能手。"

在杜为民缺课后的第三天，张正委调整了教学计划，安排了对杜为民的第一次家访。靠着学生档案里笼统的地址，张正委边走边向人问路，终于在正午时分找到了杜为民的家。

一间30平方米的土坯房，门上的门神画像已经残破了。张正委敲敲门，来开门的是一位看上去年近七十的老人。老人的白发略有些凌乱，皱纹爬满他脸上每个角落；脚下的解放鞋破了个洞，露出里面有些发黑的脚趾。

⊙ 1997年3月，张正委（右二老师）任辅导员时训练鼓号队、彩旗队

得知张正委的来意，老人满脸疑惑，说杜为民已经去上学了，张正委拿出考勤记录表，老人也眉头紧皱，因为他猜不到杜为民不去上学的话究竟会去哪儿。

在和老人的聊天中，张正委了解到杜为民家的大致情况：杜为民三岁时父母早亡，现在就剩下爷孙俩相依为命。

环顾屋内，张正委留意到土坯墙上巴掌宽的裂缝，可以看出杜为民家里的条件很差，连最基本的生活保障都没办法保证。张正委从兜里掏出一张皱巴巴的人民币塞到杜为民的爷爷手里，老人激动得不知道说什么好，眼泪在眼眶里直打转。

张正委踏出杜为民的家寻找杜为民，在热心村民的指引下，张正委爬上村子的后山，在一棵松树下找到了正在和小伙伴玩躲猫猫的杜为民，刚数完数转过头找人的杜为民被突然出现的语文老师吓了一跳，慌张地躲避着张正委的眼神。

张正委拍拍他的肩膀，说：“你不要紧张，老师只是看你两天没来上课了，担心你是不是生病了。实在放心不下，所以才来找你。”

杜为民听完稍稍放松，握紧的拳头渐渐松开。张正委随即询问杜为民不来上课的原因。杜为民简单地回了张正委六个字：听不懂，怕考试。

张正委一听，对于怎么帮助杜为民，似乎已经有了打算。他给了杜为民一个承诺：“只要你每天来上课，遇到听不懂的就来问老师，老师一定给你讲懂。老师相信你的学习能力。世上无难

⊙ 1997年3月，张正委任辅导员时训练的鼓号队

事，只要肯登攀。课的内容搞懂了，还会怕考试吗？"

杜为民听老师把话都说到这个份儿上了，觉得学校是非去不可了，一路上低着头跟在张正委后面。

等到下午放学后，张正委将杜为民叫到办公室，讲了贫困家庭孩子立志成才的故事给他听，又给他分析家里的情况。听到老师谈起年迈的爷爷，杜为民渐渐红了眼眶。

"老师，我记住了，我会听爷爷和您的话。明天，明天我一定不迟到。"杜为民做了个保证，随即又提出个条件，"如果我明天不迟到的话，我想换个文具盒……"张正委一口答应下来。

第二天，张正委到学校比以往都早，时不时朝校门口张望，希望杜为民能准时来上课。杜为民果然没令张正委失望，还不到8点，已经来到了学校。在张正委看来，杜为民已经有了很大的进步。

等到这天课程结束，张正委把杜为民叫到办公室，将昨天承诺给他的文具盒交到他手上。杜为民虽然没说什么话，但难以掩饰心中的激动，这是他的第一个新文具盒。"明天还能继续保持吗？"张正委问。杜为民点点头。

教育是习惯的培养，凡是好的态度和好的方法，我们都要使它成为习惯。只有形成了好的习惯、好的态度才能随时随地表现出来，好的方法才能随时随地得到应用。

第三天，一直到晨读的铃声响过三遍，张正委也没等到杜为民。张正委心里一惊，担心杜为民在来上学的路上出事。上完第二节课，张正委就急忙向主任请假，准备到杜为民家里看看。

主任对杜为民的家庭情况也比较熟悉，就提出和张正委一起去。在途中，主任跟张正委交流他对杜为民的看法，认为杜为民之所以不来学校，归根结底还是对学习没有兴趣。主任认为，杜为民之所以答应张正委来学校，只是为了得到文具盒。

人之初，性本善。张正委不相信杜为民是这样的人，但主任说的话像给他倒了一盆凉水："他以前就是这样。"

还是那间土坯房，大门敞着，张正委和主任一眼就看见了门后面的杜为民。杜为民的爷爷看见两位老师十分疑惑。原来，杜为民为了不去上课，编了个学校今天放假的理由糊弄爷爷，老人家信以为真。

张正委和主任坐在桌子一侧，杜为民坐在对面。杜为民把头埋得低低的，不敢直视张正委。张正委问杜为民还记不记得昨天向他的保证，杜为民只是点头。

"那为什么不守信用呢？"

"老师，我坐在教室里什么都听不进去，不如在家帮爷爷做点儿事。"

张正委发现爷爷是杜为民的精神支柱。"你现在正是读书上进的年纪，你想想你爷爷，你只有好好读书，将来出人头地，才能更好地孝顺爷爷，不是吗？"

杜为民一愣，眼神迷离，露出几丝犹豫。在爷爷和张正委苦口婆心的劝导下，他才不情愿地走上了去学校的路。

张正委怕杜为民再次逃学，于是第二天天刚亮，就赶到杜为民家接他上学。他和杜为民说："以后只要你一天不按时到校，老师就来接你一天；两天不到校，老师就来接你两天。一定不让你辍学！"

杜为民的爷爷看见老师亲自来接孙子，激动得要杜为民给张正委跪下，让他发誓不再逃学。张正委忙说不用，就领着杜为民上学去了。

从此，杜为民都是满勤。但要激发杜为民学习的主动性，还得再想办法。张正委敏锐地察觉到必须增强杜为民的自尊心。杜为民力气大，张正委便安排他做了班级的劳动委员。起初同学们对杜为民任劳动委员一事还心存疑虑，但在一次班会上，张正委给同学们介绍了杜为民的长处和优点，打消了同学们的疑虑，并将一项极为重要的任务交给了杜为民——早晚开关教室的门。

班会结束后，张正委和杜为民交流，交代他平时要尽量早些到教室，因为每个早到的学生都在等教室开门。杜为民意识到自己在班级里的重要性后，每天都最早到校，放学最晚一个回家。仅仅一个月的时间，杜为民的成绩就有了明显的进步，那次单元测试，杜为民的古诗默写一个字也没错。

但突如其来的一件事，打破了好不容易到来的平静。

农村娃娃们家里的经济条件都不好。学费开学时从未缴齐过，多数学生能在学期末东拼西凑缴纳完毕。

张正委班上有一个女同学叫贺雪梅（化名），早上才从家里带来凑的50元学费，到下午的时候钱居然不翼而飞了。50元在当时来讲可不是一笔小数目，贺雪梅急得在教室里大哭了起来。

了解事情原委后，张正委帮贺雪梅找遍了教室的每个角落，都不见踪影。下午，班长吴平（化名）敲开了张正委办公室的门，说贺雪梅的钱是被杜为民拿了。张正委疑惑地问他为什么知道，吴平只说是班上的同学说的。

张正委走到教室问学生："你们知道贺同学的钱是谁拿的吗？"

"是杜为民。"同学们异口同声地回答。

杜为民此时紧张得满脸发红，一声不吭。张正委意识到，钱很有可能是杜为民拿的。但如果他在大家面前让杜为民交出钱，无疑会摧毁杜为民好不容易建立起的自尊心。千万个应对方法在张正委脑海里闪过，考验教师应变能力的时刻到了。

"你们有谁确确实实看见了是杜为民拿的钱呢？"

同学们面面相觑，他们确实没看到杜为民拿钱。见没人吱声，张正委趁机说："既然没人看见，大家又怎能人云亦云呢？我们凡事要讲究证据。恶语伤人六月寒，对于被无端指责的同学，你们是否考虑过他现在的感受，如果现在被怀疑的人是你们自己呢？同学们，己所不欲，勿施于人。"他一边安慰贺雪梅，让她不要担心学费的事情，一边保证帮她将钱找回来。

下课后，张正委将杜为民叫到办公室。确定门外没人后，张正委对杜为民说："你还记得老师之前教你的东西吗？做人一定要诚实。人非圣贤，孰能无过？如果钱真的是你拿的，那你就拿给老师，老师一定替你保密。如果你是捡到的，就更应该还给人家。贺雪梅同学的家庭条件不好，去年她的爸爸生病，还欠下好些债。你的学费减免了，但贺同学没有啊。"

杜为民扑通一声跪在张正委面前说道："老师，我错了！贺同学的钱是我拿的，爷爷昨天生病，我只是想给他买点儿感冒药，身上没钱，所以才拿了贺同学的钱。"

张正委连忙把他搀起来，在张正委的眼里，杜为民虽然犯了错，但本性并不坏，孝心显而易见。

杜为民毕竟是孩子，他将钱从折叠好的红领巾里拿出来，交给张正委。

"知错能改，就是好孩子，明天你什么都不用说，只要你以后改正错误，相信同学们还是会像以前一样相信你的。"杜为民使劲儿点了点头。之后，张正委和杜为民一起在学校旁的卫生所给他爷爷买了感冒药。

到第二天上课时，张正委发现教室被打扫得一尘不染。碰上刚倒完垃圾回来的杜为民，张正委笑着对他点了点头。

到张正委的语文课时，讲授完新课，发放课堂作业本时，贺雪梅的本子里掉出了50元钱，全班同学目瞪口呆地看着掉在地上的钱。

张正委看时机已到，说道："同学们，你们昨天不是说钱是杜为民同学拿的吗？原来钱在贺雪梅的课堂作业本中夹着，交到了老师这里，你们可错怪了人家杜为民哟。"班长吴平带头站起来，想要给杜为民道歉。

"道歉倒不必了，我们大家要相信杜为民。杜为民家里有些困难，在生活上我们要多关心他，在学习上我们要多帮助他，大家说好吗？"全班齐声说好，张正委注意到杜为民只是红着脸，将头埋低。

经过这件事后，杜为民真正融入了班集体。吃中午饭的时候，别的同学看到杜为民带来的饭盒里是不带荤素的白米饭，经常将自己带来的菜分一些给杜为民。而张正委也在自己的能力范围内给予杜为民一些生活上的帮助。没过多久，张正委在课堂上成立了"1+1帮扶小组"，由吴平帮助杜为民。等到期末考试时，杜为民的语文、数学两门主课都及格了，作业写得也比以前工整多了。

多年以后，张正委到沙坪坝出差时，一声"张老师"唤起了他的记忆，原来喊他的就是杜为民。杜为民热情邀请他到家中小坐一会儿，为他做了一桌拿手的菜。当年的经历，不论是对杜为民，还是对张正委来说，都是一笔宝贵的精神财富。

张正委似乎也想起了一段话：要像对待荷叶上的露珠一样，小心翼翼地保护学生的心灵。他也深刻地意识到爱是教育的原动力，教师关切的目光是照耀学生心灵的阳光。

崖壁采药

如果说疼爱自己的孩子是一种本能，那么关爱别人的孩子就是神圣的。张正委在自己的教学生涯中，一直像对待自己的孩子一样对待学生。张正委在执教的那些年中虽然没做过什么惊天动地的大事，却实打实地将每个孩子放在心上。

学生陈小娟（化名），因为先天性的心脏疾病，经常上着课就突然脸色发白，严重的时候会突然晕倒。经过家访，张正委得知陈小娟的父亲带着她看遍大小医院，但都无济于事。后来陈小娟的父亲经过多方打听，得知一种药引子对陈小娟的病情治疗有奇效。张正委在家访时知道了此事。言者无意，听者有心。他在日常生活中特别留意向周围的居民打听这种药引子，但一直没有消息。

直到后来的一个暑假，张正委在一次爬山活动中发现悬崖边长着和陈小娟父亲所描述的药引子差不多的植物，真是有心栽花花不开，无心插柳柳成荫。张正委喜出望外，当即就决定去采摘下来。崖壁陡峭，可供攀爬的受力点很少，周围的同事纷纷叮嘱他一定要小心。张正委将腰间的绳子绑在一棵五人合抱粗的大树上，就攀上悬崖采药去了。

张正委手脚并用，很快就攀上了崖壁，一口气采了一小麻袋。下了山，太阳已经落山，张正委路过家门都没有进去，而是朝着陈小娟的家中赶去。陈小娟的父亲从张正委的手中接过药引子，激动之情无以言表，连连道谢。有了这种药引子，陈小娟的病情很快就有了好转，她和父亲特地带着一面锦旗到学校感谢老师。孩子学习也很努力，在学期末考试中语文、数学都考了八十多分。

学生的健康，不仅仅在身体方面，积极健康的心理状态对学生来说也很重要。

时任班主任的张正委意识到，关注学生的心理健康，是小学班主任工作的起点。学生作为班级中的个体，每个人都是特殊又独立的。如何真正地了解孩子，张正委有自己的一套"秘籍"，那就是主动深入到孩子的课间活动中去。

孩子在下课时呈现出的状态和上课时是完全不一样的，孩子们扔沙包，张正委就和他们一起扔，看谁扔得远；孩子们踢毽子，张正委也加入他们的行列。融入学生的集体活动之中，张正委很容易就能了解到孩子们的另一面。只要和孩子们打成一片，就有了打开他们心房的钥匙。玩得开心时，孩子们会和张正委分享他们遇到的开心事、烦恼的问题，手里要是恰好有零食，也会分享给他。

老师和学生打成一片，从某种程度上来说，也能帮助那些自卑的孩子走出阴影。自卑是学生成长中一种普遍存在的心理感受。心理学上认为，一个自以为不如别人的学生，总是在想别人谈他"怎么不行"，在不经意间就转变成了自我怀疑，这无形之中压抑了学生本身所拥有的创造性和进取心。

兼任音乐老师

在国家刚刚开始施行素质教育时，张正委就敏锐地意识到，强调德智体美劳多方面共同发展的素质教育将逐渐成为新的教学评价标准和评价体系。张正委大胆采用素质教育方法，并将素质教育的相关要求贯彻落实到自己的教学过程中，打破过去过于看重成绩的评价机制，建立了一种新的学生评价体系。张正委认为，学生在参与未来的职业竞争时所凭借的不应该只有书本上的知识。小学阶段的孩子，认知能力发展相当迅速，这是学生提高综合能力的最好时机。张正委在执教的学校牵头成立红领巾广播站、少先队鼓号队、礼仪彩旗队、科技小能人等诸多社团，从各方面提高学生的整体素质。

当时的小学缺音乐老师，教语文的张正委就兼任音乐老师，这位善文字又工音律的老师受到了学生们的欢迎。但在后续的音乐课教学过程中，张正委发现学生们似乎不在状态，难以集中精

⊙ 2003年5月，张正委在音乐课堂上讲课

神，甚至连以前上音乐课兴趣浓厚的班级也出现了这样的情况。

张正委深入了解后才知晓其中缘由，有不少学生反映，以前上课时，每教会同学们唱一首歌，张正委都会让他们上台展示自己，但现在取消了这个环节，同学们觉得失去了一个表现的机会。

张正委恍然大悟，原来被自己取消的这一课堂环节在学生的心里如此重要。谈到取消这一环节的原因，张正委哭笑不得。张正委上课时让学生们自愿举手上台展示，但总没人举手，他就猜测有可能是因为孩子们有羞怯心理，不想当众演唱。实际上，学生们虽然没主动举手，内心却期待着被老师选中上台展示。

思考一番后，张正委调整了音乐课的教学计划，恢复了学生上台展示环节。每堂课学会歌曲后，学生可上台展示，而学会三首歌以后，张正委就安排一节活动展示课，由学生自己组队。每个组不超过四个人，在三首歌曲中选取一首，第一遍唱谱，第二遍加歌词，还增加了一些创造性的环节，如领唱、轮唱，在歌曲的前奏中插入一些词，尝试结合歌曲的意境，编入一些舞蹈动作等。每个小组中选出一名组长，由组长负责给上台展示的歌曲做编排。节目的主持人由学生们举手自愿担任，在每个小组都表演完后，其他组的同学给予点评，张正委再综合大家的意见，打出最终的综合得分。

通过这一系列的改进措施，学生们低落的学习兴趣被充分地调动起来。小组内的学生开始尝试编曲填词，乐感和写作的能力得到了提升。学生在这个过程中，既能体会到个人努力的快乐，也能享受到获得集体荣誉时的快乐。每个人在准备的过程中都尽心尽力，希望为自己的小组争光。

张正委因为在教学上能力突出，受到了教育局的重视，参加工作仅一年半，就被调到镇里的中心小学任少先队辅导员。三年后，张正委又被调到同镇的另一所小学任教导主任。

第四章　孺子牛

当教导主任那些年

1998年，任教刚满三年的张正委，因为教学成绩突出，被调到同镇的同仁完全小学校（以下简称同仁完小）担任教导主任。

刚一到任，张正委就花了大量的时间学习《学校教务工作大全》，他清楚自己肩负的责任——上要对校长负责，下要对老师、学生负责。教导主任工作的好坏，直接影响学校的教学管理水平。

担任教导主任是个苦差事，想要做好这个工作并不轻松。

刚到任同仁完小时，学校各年级的主课——语文和数学——平均成绩比全镇平均成绩要低7分，想到要在短时间内提升学生们的成绩，张正委倍感压力。但看着胸前的党徽，张正委又鼓足了干劲："一定不辜负组织的信任！"

要提高学生的整体成绩，当务之急是打造一个高水平的教师团队。而教导主任作为教师团队的领头羊，必须身先士卒，做好榜样，用张正委的话说就是：严于律己，宽以待人。

教导主任被称作"教师的教师"，张正委认为，老师要给学生一杯水，自己得先有一桶水。

张正委在任职期间，主动学习道德楷模的事迹，将他们视为自己的榜样，主动提高自身的人文修养，通过自己的言行，影响老师，老师再影响学生，形成一种积极、正向的良性循环。

教导主任还需精通教学业务，对每一位老师的教学能力和知识水平都了然于心。对于老师，教导主任不能局限于了解他们在课堂上的表现，更要倾听他们心底的声音；和老师们交心，坦诚相待，鼓励老师们监督自己的工作。张正委明白，只有多方面地了解老师的个人情况，结合他们的个人特长，才能在安排教学计划时更加科学合理。

在工作的过程中，张正委发现，老师之间在平时教学的过程中也可能会产生一些小矛盾。教导主任必须敏锐地察觉到异常情况，调节他们之间的矛盾，形成和谐的教学氛围和同事关系。张正委坚持认为，能力和学历是不能画上等号的，对一些年龄偏大的老师，更需及时地传达教育部最新下发的文件精神，适时帮助他们"充电"。

教导主任不但要处理好与老师的关系，而且要处理好与校长的关系。用张正委的话说，教导主任就是老师和校长之间的"减震器"，上要协助校长，下要统筹收集老师、学生、家长的各方面意见，反馈给校长。

为了能够胜任这个职位，张正委从来没看过一部完整的电视剧。每天晚上备完课后，张正委就捧起书开始自学。有时，张正委的妻子半夜醒来看见书房的灯亮着，再看时钟，时针已经指向三点，劝他说："睡吧，把人累垮了咋办？"张正委学得正酣，边做笔记边说："干一行，爱一行。没有金刚钻，怎么揽瓷器活儿？你先睡吧，我看完这章就睡。"

⊙ 1998年12月，张正委（坐者左四）任同仁完小教导主任时组织师生活动

变则通，通则久

2003年，是张正委主持同仁完小教导处工作的第五年。熟悉了工作内容的张正委迅速地成长起来，他爱钻研，在深入了解了完全小学的情况后，制订了一系列的教学改革计划。

张正委将学校里教学经验丰富的骨干教师组织到一块儿开展教学改革实践，其间产出了教研物化成果"通过校本教研，提高山区课堂教学质量的模式"。该课题得到区课题组的高度重视和认可，被选为区课题的子课题；后经呈报，被市教科院确定为全市的四项重点课题之一；最后经过市教科院的申报，成为国家级总课题中的子课题。这份荣誉让张正委和同事们激动不已，课题获得各级认可，也说明了中央对山区教育的高度重视。

教育兴则国家兴，教育强则国家强。"办人民满意的学校，做人民满意的教师。"张正委知道要做到这些绝非易事，但自己决不能畏难退缩，止步不前。

在张正委眼里，每个学校就像是孩子一样，拥有不一样的特点。因为地理环境、人文差异，每一所学校面临的教改难点都不尽相同。有的学校依葫芦画瓢，不结合自身的实际情况就乱下猛药，不仅起不到良好效果，反而容易适得其反，好心办坏事，苦了老师，苦了家长，更苦了学生。为了避免出现类似的失误，张正委试探性地开展了教学的改良。没有现成的案例可供参考，张正委就和团队的老师们摸着石头过河，一步一个脚印地慢慢往前走。

张正委首先改良的是教学管理方面。在张正委向校长提出想法时，校长不禁被眼前这个年轻人的干劲儿打动了。校长给了张正委一颗定心丸："你放开手脚干，不要有顾虑。"

有了校长的支持，张正委就开始大展拳脚，新的教学教研方法和教学管理方法接二连三地被摆上了台面。

针对当时老师应付教案检查的问题，张正委提出"弱化教案检查，强化随堂听课"的想法。在上课前的5分钟，将没有课程安排的老师集中到一起，去听课。一切不事先通知，要求去听课的老师做好相应的听课记录。这样的方法一箭双雕，既能够检验上课老师的备课情况，讲课是否顺畅，也能间接地提高随堂听课老师的教学水平，使其在听课中反思自身教学过程中出现的问题，择其善者而从之，其不善者而改之。

张正委发现，这么一套流程实践下来，明显提高了教师团队学习的积极性，一改以前应付教案检查的敷衍之风。因为学校在课前不事先通知听课事宜，每个老师心里都有紧张感，有压力就有了动力，学校里老师的教学热情高涨，生怕下一秒就有听课老师推门而入。

针对当时教学后记流于形式的情况，张正委也提出了建设性的意见：将每周的教学后记改为每月一次大记。针对每个月的教学大记，学校的领导和教研组组长进行不记名打分、记奖，以鼓励后记做得好的教师，来调动起老师们反思、钻研的积极性。

常言道："没有规矩，不成方圆。"教师团队也一样。对于当时教师纪律不严的问题，张正委也有自己的一套应对方法。张正委首先着手抓纪律问题，将考核结果直接和奖励挂钩。

但改革措施的推行，常常令张正委感到压力。学校的多数老师，论年龄比张正委大，论资历比张正委深。老教师们习惯了之前的管理模式，不愿改革。明知道这项举措会得罪不少人，但张正委认为一个集体、一个团队如果没有严明的纪律，就不可能有战斗力，不可能教育出优秀的学生，整顿纪律不仅是对教师负责，更是对学生负责。张正委想："如果要得罪人，就让我一个人来得罪吧！"

刚实行新的管理规定不久，张正委就遇到了一件棘手的事。那天张正委在巡课时发现，三年级（1）班的教室里学生在吵闹，他一看才发现，此时本该有老师上课的讲台上空无一人。他看了课表才知道，这节课是刘老师的数学课。

这位刘老师既没向学校请假，也没到教室上课，无故缺课。按照新规定，必须扣这位老师十元钱以示惩戒。但扣还是不扣，张正委犯了难。

刘老师从教二十余年，也算是张正委的半个师父，张正委平

⊙ 2001年4月，张正委在北京参加教导主任培训期间登长城

⊙ 2003年6月，张正委在同仁完小任教导主任时在上语文课

时对他十分尊敬。他家里有两个孩子在上学，家境并不宽裕，家里也正处在急用钱的时候。十块钱在当时不算小数目。如果被扣了钱，这位前辈有可能接受不了，可能会和张正委产生不愉快，就此结下梁子。如果不扣，制定好的规章制度不就形同虚设了？

犹豫不决的张正委决定先找缺课的刘老师了解情况。当张正委找到刘老师时，刘老师显得有些惭愧。张正委先是向他了解缺课的原因，然后请刘老师理解学校制定奖惩政策的初衷。经过一个小时的沟通交谈，刘老师正视自己的过失，同时也理解张正委的难处，接受了相应的处罚。处罚并不是目的，提升才是本意。此后，老师们在工作中都能更加遵守纪律。

经过坚持不懈的整改，在那个学期的期末统考中，同仁完小的成绩在全镇排名靠前，教学成绩取得重大突破。

自考还是函授

张正委正式踏上教师岗位后发现，要学习的东西一点儿也不比学生时代少。相反地，他在教学过程中发现了自己知识体系中的不足，对学习的热度不减，萌生了通过继续教育取得更高学历的想法。

在当时，提高学历的途径有自考和函授两种形式。两种形式所取得的学历都能得到国家承认。函授取得学历的难度相对较小，通过成人高考被所报考高校录取后，拿到学历不过是时间问题。而自考的难度就要大很多，所选专业的十几门课程，必须全部及格才能拿到毕业证书。

函授和自考的学习方式差别也很大，函授是学校将教材直接发给考生，考生通过自己阅读、看电视讲座等方式进行学习，其间可以和老师使用电子邮件、电话进行沟通交流。自考则是全靠自己学习，难度更大。

张正委内心明白两种方式的差异，还是毅然决然地选择了难度较高的自考，并报考了西南师范大学（现西南大学）汉语言文学专业。张正委觉得学习不仅仅是为了取得文凭，还要享受学习的过程。

一个人的精力总归是有限的，张正委也一样，白天要紧锣密鼓地组织学校的教学活动，晚上回到家还要备课。自考的学习，只能放在时间相对宽裕的深夜。挑灯夜读成了常态。当家人熟睡后，张正委在书房里习惯性地用白瓷缸泡上一杯浓茶提神，翻看起《古代汉语》。上下眼皮如果架打得厉害，张正委就从椅子上站起来活动活动，再拿起《文学概论》换个思路反复研读。

寂静的夜晚唯有天上弦月为伴。当教学组的老师已经通过函授拿到了本科学历时，张正委并不羡慕，他正通过一步一个脚印的自考学习，将自己知识体系中的短板补齐。5年后，张正委通过了全部十多门专业课程的考试，终于取得了西南大学汉语言文学专业的专科文凭。

长期的熬夜学习拖垮了张正委的身体。原本不近视的他戴上了眼镜，患上了慢性肠炎，时不时就会发作，但张正委的学习热情和20年前的"尾娃子"相比，丝毫不减。这次他想报考中央广播电视大学（现国家开放大学）汉语言文学专业的本科。妻子担心他会累坏身体，说什么也不让他再参加自考。张正委没拗过妻子，最终通过函授取得了大学本科文凭。

张正委还想继续读研究生深造，但多方打听后才得知，研究生入学需要参加全国统一考试，英语是必考科目。尽管自己有一定的英语基础，但想顺利通过研究生英语考试，无疑要再次冒着拖垮自己身体的风险。英语这只拦路虎横在张正委提升学历的道路上。当张正委以为提升自己能力的机会少了一次时，殊不知，另一个锻炼提升的机会在向他招手。

"迟到"的班长

一项调查显示，在小学，一个45人的班级里，有80%的学生有当班干部的愿望。张正委就是这80%中的一位，而他最想当的便是班长。

张正委回忆，小学时，他们班的班长都由成绩最好的同学担任，张正委只能在梦里体验一把当班长的感觉。

求学生涯中，张正委只做过一次体育委员。岁月渐渐流逝，张正委一直将当班长的愿望潜藏在记忆深处，直到他调入同仁完小，一次偶然的机会，张正委竟实现了这个愿望。

2009年，渝北区以教育委员会的名义组建了6个名师工作室。成立名师工作室的目的，是创建一个专业学习共同体。专业学习共同体是一种帮助教师成长的新模式最早在欧美国家兴起，该模式能够快速促进基础教育阶段的教师成长。区教委组织的名师工作室面向全区公开选拔招募参加研修的学员，研修周期为3年，由当时教学经验丰富的老师担任工作室的主持人。

在张正委看来，名师工作室的成员都是教育系统的高手，参加名师工作室这样的机会很少，机不可失。在教育系统刚刚崭露头角的张正委填写了相关表格，向区教委申请报名了他再熟悉不过的汪红名师工作室。

张正委日夜期盼这一期研修学习的名单早日下发。千盼万盼，研修学员的名单终于发下来了，但张正委将名单从头看到尾也没找到自己的名字，他感到十分失落。

后来，在一次会议中，张正委偶遇了当时名师工作室的主持人汪红，说出了自己心中的遗憾。汪红老师带着歉意对张正委说：区教委这次给的参与名额太少，评委在申报的人选中反复进行权衡和比较，觉得还是先把机会给其他基础较薄弱的同志。相较于在教学上已经有特点的张正委而言，那些基础较薄弱的同志更需要这次学习的机会。张正委虽然知道了其中的缘由，但这也意味着暂时没有办法进入名师工作室，只能寻求下一次的培训机会。

3年的时间眨眼便过去了，在第一届名师工作室的学员毕业两个月后，张正委再一次收到了区教委选拔第二届名师工作室成员的通知文件，看着那份自己期盼许久的文件，张正委却犹豫了。

和张正委同在一个办公室的李建国是汪红工作室的第一批学员，看到办公桌前捏着区教委通知的张正委脸上写满犹豫，就过去拍了拍他的肩膀说："正委，通知又下来了，你都等这个机会3年了，这次肯定能选上。"

再三犹豫下，张正委给主持名师工作室的汪老师打了个电话，汪老师也鼓励张正委继续报名。张正委这才重拾信心，将申报要求的材料都准备齐全，静候两个月后学员名单公示。

"有我！第一个就是我！"看完公示后的张正委站在宣传栏前开心得像个孩子，第二届汪红名师工作室学员的名单贴在宣传栏里，"张正委"在名单的第一行。

一周后，第二届名师工作室正式开班，工作室在早上举行了开班典礼，主持人汪红老师在开班典礼上点将，宣布让张正委做这一届名师工作室的班长。同期的几位学员显得不大服气，但汪红老师接下来的一番话，让这几位学员改变了看法。

"张正委原本第一届的时候就能够参加，但他将机会让给了比他更需要这个机会的老师，虽然没有入选，但在过去3年里，张正委同志的教学能力和成果是我们大家有目共睹的，如果有谁不服，可以在日后的培训学习里比较竞争。"

听完汪老师的一番话，大家瞬间安静下来。在这3年时间里，张正委通过在教学上的改革，将两个班的语文平均分从不及格提高到及格，从及格拉到70分，这样的教学成果是有目共睹的。

终于当上了班长，张正委不禁在心中感慨，这个班长，虽"迟"但"到"了，小时候当班长的愿望居然在快到不惑之年时实现了。

张正委深知工作室班长的重要性，当了名师工作室的班长就得负责和主持人沟通，并及时反馈同学的意见，这让张正委感到和当教导主任类似。

他一马当先，往往别人提出的教学过程改良建议还没讨论，他就先模拟一遍教学的场景，看看是否有什么缺漏的地方。工作室里有同学在工作中遇到困难，张正委就想着法子帮他们解决。不管是在生活上还是在学习上，张正委都竭尽所能帮助有困难的同志。

张正委给学生准备的"那桶水"，水位在不断上升。

硬件升级

2005年，在同仁完小担任了7年教导主任的张正委，接到组织的调令，被调回华蓥山中心小学校任副校长，这个刚刚30岁的年轻人，很快吸引了中心校原领导班子的注意。

正值而立之年的张正委升任副校长，让原先中心校的一众"老人"颇感意外，谁也没想到，这个年轻人竟然成了他们的领导。张正委起初开展工作时颇有顾虑、如履薄冰，时刻注意自己的言行是否得当。但很快，张正委发现自己多虑了，老教师们并没有因为张正委年轻而看轻他。整个教师团队"凝心聚力，共谋发展"。

一个偶然的机会，张正委在与保险公司朋友聊天中得知，他们公司有意向偏远地区的农村学校投资。张正委得知这个消息后，第一时间拨通了教委分管基建的领导的电话，向他汇报了情况。领导早就知道了张正委的难处，很快向张正委传达了一个好消息：政府将为华蓥山中心小学校的基建项目提供部分资金。华蓥山中心小学校因此得以修建综合教学楼和学生食堂，这笔钱给学校扎扎实实地来了次"硬件升级"，彻底改善了学校的办学环境。

⊙ 2009年3月，在张正委的争取下，华蓥山中心小学校对旧瓦房进行拆除

⊙ 2009年5月，张正委（中间）视察华蓥山中心小学校新综合楼建设工地

⊙ 华蓥山中心小学校新貌

办学环境改变了，办学宗旨却不能变，华蓥山中心小学校树立"让社会满意、让家长放心、让学生成才、树文明新风"的办学理念，坚持"以德立校、依法治校、科研兴校、质量强校"的办学方向，全面推行素质教育。这些在张正委2010年提出的健康校园建设工作实施方案中就可以看出。

俗话说："身体是革命的本钱。"张正委在重视学生学科成绩的同时，更关注学生的身心健康。他带头成立了"健康校园工作小组"，通过每周一次的健康教育课程，培养学生良好的学习习惯和生活习惯。张正委还根据华蓥山红色革命老区的地方特色，以红色文化为切入点，开展"传承华蓥神韵，培育时代新人"的课题研究，成功创建了渝北区首批特色教育示范学校。不到五年的时间里，张正委就将华蓥山中心小学校的办学水平从三等提升到一等。

⊙ 张正委任华蓥山中心小学校校长时课堂教学实况

第五章　和孩子一起长大

和晨雾赛跑

由于工作的原因，张正委陪伴家人的时间很少，对此张正委十分愧疚。特别是当张正委调任同仁完小任教导主任后，虽然他升了职，但这意味着陪伴家人的时间变得更少。学校地处偏僻的地方，比以前的学校离家更远，所以只有在周末的时候一家人才能小聚一下，张正委也格外珍惜这段时间。

每次回到家，张正委总会带女儿、侄女、侄子去晨跑锻炼。据张正委的侄女回忆，每逢周末和寒暑假的早晨，天刚蒙蒙亮，幺爸就会将他们从被窝里叫起来。万事开头难，回想起刚开始晨跑的那天，孩子们哭笑不得。

晨跑的第一天，几个小孩还沉浸在睡梦里，恍惚中感觉灯被点亮，迷糊间听见一个声音："孩子们，快起床，今天我们去跑步。"床上传来下意识的回复："好。"5分钟以后，张正委发现孩子们还没动静，就到房间补充道："2分钟以后在公路上集合，谁最后起来，今天晚上的碗就让谁洗哦。"一听说睡懒觉要洗碗，孩子们一骨碌从床上爬了起来。

在进行完热身运动后，张正委领着孩子们沿着公路跑了起来，他们的目标是登上土地坡的坡顶。太阳渐渐睁开它蒙眬的睡眼，山上的雾气渐渐升了起来。张正委和孩子们奔跑着，和晨雾比赛，也和自己比赛。

除了带孩子们晨跑，张正委还和小区的孩子们一起玩耍。放假的时候，他经常带着女儿和小区的孩子们玩捉迷藏、老鹰捉小鸡，活脱脱一个"孩子王"的形象。

晨跑也好，做游戏也罢，张正委心里其实只有一个最简单的想法：多陪陪孩子。这也是他作为一个父亲最朴实的心愿。

淡定心法

父亲是女儿一辈子的靠山，女儿是父亲一辈子的牵挂。谈到女儿，张正委总是十分自豪，因为女儿在高考时取得了总分653分的好成绩。高考后亲朋好友甚至学生的家长都来向张正委"取经"，想知道张正委是如何培养孩子的。张正委也不藏着掖着，将自己的"淡定心法"倾囊相授。

"淡定心法"虽然只有三式，但可以说力量无穷。

第一式：和孩子商量，定三个层级的目标。

张正委认为每个孩子的成绩都有一条平均线，这条线是家长和老师针对孩子的日常情况所给出的一个评估。高考的成绩

⊙ 2007年，张正委的母亲刘洪碧在老屋前留影

⊙ 2002年，张正委的女儿3岁时留影

在预估的这条线上下50分都是正常情况，这就有了100分的浮动空间，实际上有时候甚至不止100分。千万不能小看这100分的空间，100分足以决定孩子选择三个不同层级的学校。既要让孩子保持较高的期待，也要做好最差的打算。张正委的女儿在高考前的"一诊""二诊"和"模拟考试"时，成绩一直徘徊在五百七八十分上下，年级的排名在300名左右。如果发挥良好，女儿能考上重庆大学。张正委和孩子商量后定下三个层级目标：稳定发挥，锁定重庆大学；如果超常发挥，就在模拟成绩的基础上加30分，锁定四川大学；如果发挥失常，往下30分，锁定西南政法大学或西南大学。有了清晰的目标，好比舵手有了指南针，孩子就有了努力的方向，考试的时候心里就不会打鼓。正因为有清晰的规划，张正委的女儿在高考时超常发挥，考上了理想的大学。

第二式：听取孩子的意见，确定是否需要家长现场陪考。

高三的孩子已有很强的自我意识，在许多事情上表现出的自主性，也体现出他们迫切希望挣脱父母束缚的强烈意愿。高三的孩子知道高考对于他们人生的重要意义。但有很多家长极容易忽视这个时期孩子的身心特点，为了表现出对孩子学习的足够重视，或求自己的一时心安，打着为孩子减压的旗号，坚持陪考。殊不知这样的举动有时会给孩子带来更大的压力。如果压力压得他们喘不过气，他们在考试中自然难以发挥出全部的实力。

张正委表示，这一招也是自己当初读中师的老师传授给自己的——是否陪考要完全听从孩子的意见。张正委在考前询问了孩子的意见，孩子知道父母工作繁忙，没让他们陪考，张正委也就没有陪考。

第三式：如见异常，淡定处理。

既然孩子没有要求陪考，开考后，张正委也就没有过问孩子的情况，只是按照之前和孩子约定好的：考一科忘一科，认真准备下一科就行。

开考当天晚上9点多，孩子打来电话，惊喜地告诉张正委，下午数学考试卷上两道拿不准的大题她居然做对了。张正委在为女儿感到高兴的同时，也不忘提醒她"考过就忘"的原则。挂了电话，张正委也舒了一口气。女儿有一些偏科，数学是她的弱项。如果数学能考好，那考上好大学的概率就更大一些。张正委只希望一切都能照常进行，不要在这种时候出现什么情况。

晚上，手机在床头柜上响起来，张正委紧张得一下从床上坐起来，拿起手机一看，是女儿打过来的，手机显示时间：凌晨3点12分。

张正委接起一听，电话那头的女儿带着哭腔向张正委哭诉："爸，我睡不着。本来11点睡着了，但后来不知道哪层楼敲墙，我到现在也没睡着。"

怕什么来什么。女儿啜泣的声音让张正委心头一紧，他强装镇定安慰女儿："没事，考试期间有些失眠是正常的，放松啊。"张正委随即告诉女儿，睡不着也没关系，把闹钟调好，躺下闭目养神就行。女儿答应照做以后，挂了电话。

可怜天下父母心，挂完电话后，张正委心里其实也着急得很，但此时不能自乱阵脚，一切需要他安排妥当。晚上失眠，第二天考试必然犯困，怎么样才能提神？张正委想起自己参加自考那段时间喝的浓茶，揣了茶包就出门了。

因为担心女儿，早上5点不到，张正委就驱车到了女儿的学校。又因为担心影响孩子休息，张正委没有再打电话给女儿，一直在车里坐到6点40分，给女儿买好早餐以后才发了短信给她。

消息才发出，女儿的电话就来了，她说自己刚洗了头。张正委上楼看女儿的情况，只见女儿红着眼睛，哽咽地说昨天一夜未眠。张正委安慰她道："别担心，很多考生也一样，你还比较幸运，有的考生考之前就失眠了，你考完两科才失眠，已经很棒了。"张正委边说边拿出早餐和茶包，嘱咐她用热水泡一杯浓茶，困的时候喝上两口。

女儿有了父亲的鼓励，明显有了自信。等女儿上午考完理综，张正委打好饭和女儿一起吃，看到她没说考试的情况，就知道一切正常。

下午考完最后一科，女儿开心地说想和同学聚餐，让张正委先回家。张正委那颗悬着的心终于放了下来，女儿的高考终于结束了。

最终，高考成绩出来时比平时的最好成绩高了六七十分，张正委的女儿对这个结果感到十分满意，她知道这个成绩来之不易，除了自己的努力之外，还有亲人的付出与陪伴。

小家大家

蒋大为在歌曲《小家和大家》中唱道："人人都想有个家……家中有爸爸，家中还有妈妈，家中还有一个可爱的小娃娃……祖国是大家，我们都是小家……有了强大的祖国妈妈，才有那幸福的你我他。"张正委尽自己所能，在培养学生成人成才的过程中，也没有忘记自己的小家。在当好一个老师的同时，张正委还想当一个好丈夫、一个好爸爸。但很多时候，事难两全。

由于工作的原因，张正委错过了小家里的许多重要时刻。妻子罗吉容说，女儿张锐出生的时候，张正委并不在产房门口。因为学校突然有紧急事件，张正委分身乏术，再三犹豫之后，他还是回了学校。在罗吉容被推出手术室后，张正委才匆忙赶回医院，看着病床上虚弱的妻子，张正委感到十分内疚，但让他欣慰的是，妻子的眼神里没有责备。

⊙ 2007年，张正委家人合影，但张正委因工作繁忙未能参加

"他是个对工作极其负责的人。"谈到张正委，妻子罗吉容脸上难掩自豪的笑容。如今，她已经和张正委携手走过了25年的时光。在这25年里，他们相互扶持，彼此依靠。

漆木餐桌上摆着三菜一汤，缓缓冒着热气，围着桌子的三把椅子空着一把。在桌子上的电话响起来，女人连忙接起来："哦哦，没事，你先忙。"那是张正委打给妻子的电话，学校里还有没处理完的事，晚一些才能回家。

"妈妈，爸爸还不回来吗？"是张正委6岁的女儿张锐在问。"爸爸学校的事还没处理完，他让我们先吃，来，妈妈给你盛饭。"虽然在晚餐的餐桌上见不到爸爸，但6岁的张锐非常懂事，不哭不闹，吃完饭安静地到房间里写作业去了。

等处理完学校的事务，月亮已经到岗，张正委依旧保持着最晚离校的纪录。张正委拖着疲惫的身体回到家，门还没开，他就已经闻到了饭菜的香气。罗吉容算准了张正委回家的时间，提前热好了饭菜。张正委坐下吃饭，享受着妻子的手艺和小家的温暖。一碗热汤入肚，工作的疲劳马上消失得无影无踪。推开女儿的房门，女儿已经熟睡，他蹑手蹑脚地将房间的门重新关好，生怕扰了孩子的好梦。

罗吉容曾说到这样一件小事。女儿有一次在作文中写道："我每天早上醒来的时候，我的爸爸已经上班了；等我睡觉的时候，他还没回来。我有时能在梦里梦到他，梦不到的时候，我很想他。"

随着女儿渐渐长大，张正委知道，虽然自己不能常常陪在女儿身边，但万万不能忽视对女儿的心灵教育。教育家苏霍姆林斯基曾将孩子比作一块大理石，他说将这块大理石塑造成一座雕塑一共需要六个雕塑家——家庭、学校、孩子所在的集体、孩子本人、书籍、偶然出现的因素。父母是孩子的第一任老师，什么样的家庭观念成就什么样的孩子。

孩子学习方面的事几乎都是他在管，罗吉容对丈夫的教育方式颇为信任。得益于长期的教学生涯中对心理学的学习与研究，张正委成为女儿成长道路上最好的听众。张锐无论是在学习上还是在生活中碰到困难，总是愿意分享给爸爸，而张正委也总能鼓励她找到正确的解决方法。有趣的是，交流之中，女儿竟无意间启发了张正委的仁爱教学思想。

在张锐五年级时国庆假期的一个下午，父女两人一起看《窗边的小豆豆》。"爸爸，巴学园好酷，好想去这种学校上课啊。像书里这样的校长如果多一些就好了。"张锐显然沉浸在对巴学园的美好憧憬中。说者无心，听者有意，张正委仁爱教学思想的种子就此种下，只缺一个发芽的时机。

直到2019年，张正委提出"仁爱理念下'巴学园'建设策略研究"的课题，把巴学园从书本里搬到了现实生活中，张锐才知道父亲竟一直记得自己小时候说的话。她没想到小时候看课外读物的经历竟然成了爸爸课题的重要组成部分。张锐说，仁睦完全小学校（以下简称仁睦完小）的孩子能够在学校中体会到巴学园的快乐，是孩子们的幸运，看着他们在地里劳作，她也非常想加入成为他们中的一员。

懂得倾听，善于思考，勤于学习，在事业和生活中都充满热情的张正委用爱守护着小家，而正因为心中有爱，才能将爱播撒。

第六章　爱的"巴学园"

厕所里的"蜘蛛侠"

2017年，张正委在坚守农村教育岗位22年后，被调到渝北城区的仁睦完小。仁睦完小地处渝北区双凤桥街道辖区，距离区政府2公里，距离江北机场3公里，学校旁是仁睦中学和重庆市工业职业技术学院。虽然地处城区，但它似乎还是一所农村学校，学校里90%的学生是进城务工人员的随迁子女。

张正委来到仁睦完小后，他的第一感受就是这里实在太简陋了。学校占地面积极小，以致在大课间活动时，几百名学生挤在一处，只能做操，不能跑步。他还发现，仁睦完小的基础设施也极为简陋。当时，地处偏僻的农村学校都已经用上了天然气，可仁睦完小还用着老旧的烧煤灶。其他学校每个教室和功能室都已经用上了一体机，但仁睦完小只有零星的几台电视机，有几台甚至还会在放映的过程中突然"罢工"。老师们的难题还有：因为学校地处城区，老师们没有农村学校老师的岗位补助和边远津贴。就拿张正委自己来说，每个月收入就少了500多元。他总结了一句玩笑话：农村学校享受城区待遇，折射的是当时的困境。校舍、生源、设施与农村学校一样，工资待遇却和城区一样，这里的条件不如农村学校。张正委明白，迎接自己的将是怎样的考验。

仁睦完小的学生来自全国各地，其中单是春节返乡的学生就有120人。这120个学生分别来自新、甘、青、云、贵、赣、湘等十多个地区。因为来自不同的地区，孩子们的生活习惯不同，所以他们在性格上两极分化特别严重。内敛的孩子胆小、怕事、不自信，外向的孩子粗野、蛮横、习惯差。要树立相对规范的班风和校风是一件有挑战性的事，为此张正委和老师们都花了不少心思。

2018年3月的一天下午，张正委在放学后的例行巡查中发现一楼厕所第二个蹲位的门被人从里面反锁。张正委敲门并问了几声，里面没人应答。一般情况下，在这个时间段老师、同学们都已经回家，按理说厕所内不该有人。

张正委担心有孩子被关在里面，忙从隔壁办公室拿来一把椅子并站上去查看。好在里面没有人，张正委这才松了一口气。从挡板上面翻进隔间打开门以后，张正委很奇怪，厕所的门为什么会从里面上了闩又没人？难道是孩子上完厕所随手关门时，不小心带上了门锁？但张正委查看后发现门闩的位置比较深，并不像是偶然锁起来的样子。抑或是高年级同学的恶作剧？有没有可能是他们抬来椅子站在上面从门内侧伸手去拉上门闩，不让低年级的同学进去上厕所？孩子们在这个年龄段比较贪玩，如果真是这样的话，也还算说得过去。等到第二天学生集合的时候，张正委在主席台上讲了这件事，希望搞恶作剧的同学能主动承认错误。

在以前，厕所坑位是没有门的，那是2017年春天张正委到丰都参加国家级扶贫支教活动，听到有关专家讨论时说起"厕所没有挡板，不利于孩子的隐私保护和文明习惯的养成"时才有的主意。张正委用耳听话，用心做事，学习回来以后，经过多方面的共同努力，总算将厕所隔间的门给添置妥当。他原以为装上门以后就可以高枕无忧，但没想到孩子们的好奇心占据了上风，经常将厕所隔间的门当作玩具折腾。

几周后，值周的副校长黄健在做值周小结时特别提到了一件事：一天下午，他上厕所的时候，看到一个低年级的学生在上完厕所后，从门板上翻出来。飞檐走壁的同学像蜘蛛侠一般灵敏。当下张正委的心中冒出一个想法：孩子们太野。

在周一的升旗仪式上，张正委再次强调了这件事，提醒同学们不要再当"蜘蛛侠"，从1.6米高的门板上翻出来实在很危险，如果再遇到类似的情况，一定要邀请那位"蜘蛛侠"到办公室"谈谈心"。

一周后，张正委照例巡查各个班级的课后服务，查到厕所时，发现门又被反锁上了。上次黄副校长反映是一年级的学生，而一年级学生的教室也恰巧就在厕所旁边，张正委就顺势走进教室。和老师沟通之后，张正委开玩笑地向孩子们问道："大家有没有看到是哪个'蜘蛛侠'爬的厕所？"孩子们的小眼睛齐刷刷地聚焦到班里的一位同学身上。

张正委就请他出去演示一下如何变身"蜘蛛侠"，并让他从里面把门给打开。那孩子虽然个子不高，但身手异常灵活。只见孩子沿着水管，轻而易举地滑到了隔间内的地面，但奇怪的是两分钟过去了，门依旧没打开。张正委以为孩子在里面贪玩，探头往里面一看，才明白自己一直以来都错怪他们了。

那孩子正憋着劲儿费力地拉着门闩，脸都涨红了，门闩丝毫也不动。张正委以为是孩子力气太小的原因，就跳下挡板去帮他。没想到尝试了好一会儿，门闩依旧没动，最后张正委用自己的身体抵住门板才总算把门闩拉开。

事情终于水落石出，孩子们并不是因为恶作剧和贪玩才化身"蜘蛛侠"，而是发现门闩拉不开以后采取的一种自救方法。张正委想到这里不禁一阵后怕，幸好被关起来的孩子身手敏捷，有冷静处理突发情况的能力，如果被困住的是内心比较脆弱的孩子呢？轻则大声哭闹，重则可能出现安全事故。这一个个勇敢的"蜘蛛侠"靠自己的沉着冷静脱困后还要饱受质疑，张正委此时万分自责。"毛主席讲'没有调查，就没有发言权'，问题到了孩子身上，自己怎么就给忘了呢？单凭主观的臆测，就断定孩子们太野，这不是教育本来的模样。"张正委在内心进行着深刻的反省。

张正委也联想起之前在教育杂志上看到过的一个故事：一头狮子有一天睡醒以后发现自己的尾巴上贴了张便签，上面写着"身份认证：驴"，落款有日期，甚至有动物王国盖的公章。狮子看见以后很生气，本来想随手将其撕掉，但看见便签上面盖着的象征权威的公章，迟迟不敢下手。它只能来到大街上气急败坏地向路过的动物求证："我是什么动物？"路过的动物刚想回答，看见它那张带着公章的便签，都连连说"你是驴"。没有一只动物承认它是一头狮子，而狮子似乎也渐渐认可了自己驴的身份，再也发不出有震慑力的吼声，直到有一天它发出了驴的叫声。

苏霍姆林斯基在《给教师的建议》一书中说："当一个孩子踏入学校的大门成为你的学生时，他就无限信任你。你的每句话对他来说都是神圣的真理，在他看来，你就是智慧、理智和道德的典范，要珍惜这种信任，也就是要重视孩子的无力自卫状态。"张正委意识到，在教学活动中，老师很容易在无意识的状态下给一个孩子贴上各种各样的标签，殊不知他们极其在意老师眼中的自己。教学的主体是学生，只有积极主动地看到每个孩子身上的不同特质，认识到学生的个性差异，才有可能在有限的课上时间内，为学生创造无限的可能。

沿着孩子上学的路走过去

爱是教育的底色，是教育的灵魂，亦是教育的前提。爱作为人类社会之中永恒的话题，是理性、艺术的集合体。长达20多年的教学生涯，让张正委越来越清晰地意识到爱在孩子成长过程中的重要性。

渝北区仁睦完小的生源多是全国各地流动人口的子女，学生家庭情况较差，超过半数是单亲家庭或重组家庭。2019年，学校德育处做了一项调查，发现学校六年级三个班一半以上的学生家庭是重组家庭。张正委为了更深入地了解学生，带着老师们开展家访活动，正是这次活动，让张正委对以爱为核心的教育理念有了更多元、更深层次的思考。

2019年12月的一个下午，张正委被安排到一年级（2）班的家访组中。家访组需要在两天内家访4个家庭，这4个家庭的情况各不相同。

夏有德（化名）一家租住在学校老师的一处旧屋里，旧屋是一套小户型的两居室，不到30平方米的两个小房间里住着5个人。一间住夏有德的婆婆（奶奶）和姐姐，另一间摆了套上下铺，是夏有德和他父母的房间。夏有德的老家在茨竹，母亲在空港的一家残联厂上班，父亲则在工地上打工。为了两个孩子读书方便，他们才租住于此，由婆婆照顾两个孩子的起居。

狭窄的房间，堆满了生活用品。家访组到达夏有德家时，屋里已经没有落脚的地方了，只能暂时在他婆婆的床上坐下来沟通交流。

夏有德的父母都去上班了，他的婆婆刚刚从外面赶回来招呼老师们。由于回来得比较仓促，夏有德的婆婆满头是汗。她还没顾得上擦汗，就着急地向老师们询问夏有德在学校的表现。张正委告诉夏有德的婆婆，这次家访主要是来看看夏有德的皮肤过敏是否有好转。

其实在上周，张正委已经见过夏有德的母亲。夏有德开学以来就一直不和老师交流，他总是想出教室就出，想在地上打滚就打，几天前，还严重影响了正常的课堂教学秩序。张正委得知后赶来，好不容易将他抱到办公室进行安抚。从一楼到三楼，夏有德又蹬又踢，弄得即使是长期锻炼的张正委也歇了两次，出了一身大汗。张正委问他话，他一句也不回答。张正委只好叫来夏有德同在仁睦完小读书的姐姐，联系他爸爸，让在家的妈妈来接走孩子。姐姐离开办公室后，张正委再次试图与夏有德交谈，可是他反应迟钝，身子不断扭动。张正委这才发现夏有德听力有些弱，与他交流要靠近他的耳朵说话。更糟糕的是，他身上有严重的过敏现象，长了很多丘疹样的疙瘩，看起来他像是对毛衣过敏。

夏有德妈妈赶到后，张正委将在学校里发生的事情一五一十地全部告诉了她，并交代她应该及时带着孩子去医院做相关的检查和治疗。

一周后，夏有德返回学校上课。经过治疗后，他的气色明显好了不少，听力似乎已经恢复得差不多了，性格似乎也开朗了起来。

家访这天，老师刚进门，夏有德就一直帮着婆婆招呼，给老师搬椅子、倒水，还拿出他到医院看病时医生给他开的药品清单，指给老师看，每一种药的用法他都记得清清楚楚。

看到孩子开朗活泼起来，能和旁人正常沟通，张正委打心底替孩子感到高兴，他在工作本上写下这样的话：孩子之前有各种奇怪的行为，可能并不是他的本意，而是他那耳朵里传入了朦朦胧胧、若隐若现的声音，引起了他的不适，长时间的不适刺激引发了身体的应激反应。从另一个角度看，这似乎是孩子的一种自我保护。

廖平文（化名）家在通往木耳镇的老公路边上。家访组到达他家时，门是虚掩着的，他在门后面小声地告诉老师们，他的爸爸正在楼上睡觉。

老师们让他把爸爸叫下来。一个中年男人怀里抱着一个半岁左右的孩子下来了，孩子在襁褓里熟睡着，身后跟着一个80岁左右的老人。老师们问了才知道，老人是男人的母亲。

这个男人其实是廖平文的继父，廖平文的生父在他半岁时就得白血病去世了，留下了他和有智力障碍的姐姐。后来母亲改嫁，生下弟弟，但因为母亲也有智力障碍，无法照顾孩子，所以抚育重任就落在了继父身上。

廖平文的姐姐在仁睦中学读初一，上学期也在仁睦完小就读，老师们平时都很关心爱护这个孩子，在老师们的印象里，她是一个不大爱说话、喜欢静静独处的女孩子。

廖平文的亲奶奶回来了。紫色的粗布碎花布衣已经洗得有些微微发白，胳膊上戴着的深蓝色套袖还没有摘，从外表不难看出，这是个喜欢干净的老人。她也是刚从厂里赶回来，这让张正委想起夏有德的婆婆。

简短交流后，张正委重新认识了眼前的老人。廖平文的亲奶奶70岁左右，看起来很精神，像60岁的样子。在她45岁时丈夫就去世了，55岁时她唯一的儿子又去世了，白发人送黑发人。接二连三的打击没有击垮老人，如今她还操持着这个新家。

好在廖平文的智力正常，老师们告诉老人，孩子平时的学习习惯不太好，做作业拖拉的情况常常发生。如果他能改掉这些小小的缺点，学习上一定能取得大大的进步。老人连声道谢，将老师们送出门。临别之际，张正委有很多话想说，却又不知从何说起。

他在工作本上写下：一家七口，两个老人，三个孩子，这个重组家庭仅靠着廖平文的继父和他奶奶微薄的收入维持生活。世上有人单是为了活着，就已经拼尽全力。

李盼秋（化名）的姑婆开了家面馆，一楼做生意，二楼就是日常起居室。

距离面馆还有一段距离，家访组就看到一个女孩等在路边。一见家访组走来，女孩就激动地朝他们打起了招呼。原来，知道老师们要来，李盼秋提前等在了路边。

面馆的老板是李盼秋的姑婆，3年前在广东打工时带回了无依无靠的李盼秋。李盼秋的妈妈本就有一些精神方面的疾病，在广东打工时认识了李盼秋的生父，可生下孩子后，男人却消失了，也有人说是死了。她又找了个重庆巫山的男人，却因为性格不合分开了。李盼秋的妈妈后来又回到广东打工，不幸在广东去世了。同在广东打工的姑婆收到李盼秋母亲的死讯，处理了后事，并收留了李盼秋。

李盼秋的姑婆说，自己年纪大了，体力也大不如前，现在外面打工只招年轻力壮的，她找不到合适的工作，决定索性不打工了，自己当老板。她和丈夫回到重庆，在工职学院旁边开了这家小面馆。

李盼秋有四级智力残疾，有严重的嗜睡症，并伴有躁狂症的倾向。她经常在课堂上一睡就是一两个小时，别人还不可以叫醒她。老师们对此束手无策，只能让她在不影响其他同学的情况下，安静地趴下睡觉。这次家访，老师们特别提醒姑婆，要监督孩子早睡早起，让孩子尽量参与学习。姑婆连连答应，老师们看得出，她是真的爱孩子。老师们走的时候，李盼秋一直送到了公路边上，每个老师心里都暖暖的：多懂事的孩子啊！

张正委在工作本上写下：孩子在生活中或许不幸，但只要有一点儿爱，他们就能获得滋养。

李丽婷（化名）家住在两江小学外的环湖雅居小区。

老师们敲开她家的门，李丽婷身后跟着一个一岁多一点儿的孩子，他一跑过来，一股尿臊味也随之而来。房子里暗得很，墙面地面都黑乎乎的。屋子里几乎没有家具，只有一张破烂的沙发和一套短腿的桌椅。房里也不开灯，唯一的光亮来自一张简易书桌上的充电台灯。台灯下，飘着灰尘。

台灯前围坐着两个孩子，一个张正委认识，是三年级（1）班的学生，另一个看上去年龄稍大些。据家长说，那孩子是李丽婷的大姐，在两江小学读五年级。

两江小学建立之初招生手续不严，李丽婷的大姐就成功报名就读了。随着两江小学办学规模的扩大，招生制度不断完善，入学材料审核更为严格，家长需要上交房产证和购房合同的复印件。因为没有这两样材料，李丽婷和二姐就没有办法入读两江小学，只能到入学手续相对简单，但离家较远的仁睦完小就读。

李丽婷的父母都是初中刚毕业就到广东打工了，两人年纪轻轻就生下了4个孩子。才27岁的母亲患有甲亢，干稍重些的体力活儿就喘不上气，全家的重担都压在了父亲身上。李丽婷父亲之前在一家物流公司上班，每个月能有4000元左右的收入，但就在不久前，公司破产了，他只能重新找工作，最近才找到一份工作。

目前最是困难。上个月的4000元工资他没有领到，新公司又要等到月底才能发工资，房东突然说要收回现在每个月1000元租金的房屋进行二次装修，让他们搬走。重新租房需押一付三，算算要付几千元，这让本就捉襟见肘的家庭雪上加霜。

老师们听完李丽婷父母的诉说，十分同情夫妻俩的境遇，内心五味杂陈，却也只能勉励他们："困难是暂时的，等孩子长大就好了，多花心思在教育孩子上，家庭一定有希望。"夫妻二人连连点头，并不断抱歉"你们连水都没喝上一口"。

⊙ 2018年12月，张正委（右二）和学校老师开展家访活动

4个家庭的家访就此结束，街道上的路灯已经全部亮了起来。公路上疾驰着汽车，车尾灯拖曳出的红色线条交织在一起，迷了人的双眼。

张正委回到家里，在工作本上写下：4个学生，1个学生家长是残疾人；1个学生父亲去世，母亲再婚；1个学生无父无母，跟随姑婆姑公生活；1个学生父母虽然双全，但母亲有病且已经生了4个孩子。我们究竟能为孩子们做些什么？

张正委这天夜里想了很久，写了很久。夜深了，他终于写下了这篇家访笔记的题目——沿着孩子上学的路走过去。未来该怎么做，他的心里已经有了想法。

四项"争取"，为爱奠基

在家访过流动人口家庭子女后，张正委得出一个结论：流动人口家庭中的孩子普遍缺爱。

仁睦完小学生的家庭情况各不相同，相同的是，生活重担压着学生的父母，让他们喘不过气来，维持生计已经消耗了他们大部分的时间和精力，让他们再拿出时间给予孩子更多的关心爱护显然很困难。

既然来自家庭的事实无法改变，张正委和其他老师就只能在学校增加爱的投入比重，试着去弥补孩子心里的遗憾。一日为师，终身为父。学校里的学生，也是老师的"孩子"。张正委组建教学团队，决心和老师们一起为孩子们"补爱"，用耐心、爱心、责任心去滋养孩子们的内心世界，为弱势群体的孩子们的成长提供一个良好的校园环境，力求阻断孩子们身上的精神贫困的代际传递。

地处城乡接合部的仁睦完小，校内基础设施一直以来都处于待完善的状态。校舍老化情况严重，教学设施简陋，操场狭窄，和周边学校的整体教学环境对比，差距一目了然。

张正委站在学校操场上，看着眼前墙皮剥落的老旧教学楼，心头充满着对学子们的愧疚。学生们的家庭环境已经那么差，如果得不到良好的教育，他们将用什么去改变自己的命运，改变自己的家庭环境呢？

为了改善仁睦完小的教学基础设施，张正委和教学团队提出了四项"争取"。

第一项是对公共交通的争取。张正委初任校长时就了解到学生们上下学时的交通困难。仁睦完小的学生基本分散于整个两路城区，家里到学校的路程很远，有的学生在上学过程中还需要转车，这就更增加了路途上的安全隐患。

2017年8月25日，新学期开学在即，分管渝北区的副区长组织召开了教育工作联席会议。会上，张正委将仁睦完小的公共交通问题向上级有关领导做了简要汇报，得到了副区长的高度重视。

副区长随即指示有关部门负责协调解决相关的问题，仁睦完小也终于在各部门的协调配合下，拥有了自己的定制公交车。如今在每天下午的固定时间，陆续有8辆公交车在学校门口接孩子们放学。在没有安排定制公交车的时候，学校里组织学生们上车回家有时候要花费一个多小时。定制公交车的实现，将学生们从集合到上车的时间缩短到十几分钟，从而提高了效率，方便了学生，也减少了安全隐患。

第二项是对便捷通道的争取。学校距离公交车站远，学生在放学时要通过两个红绿灯不说，还要绕行近千米，得花二三十分钟到达站点。路程远，安全隐患突出，张正委建议在被路人踩出的小路的基础上修一条便捷通道。2019年，区政府将这项工作列为全区涉及民生事项的十项重点工程之一，由分管教育的副区长亲自督办。仅仅两个月的时间，这项工作就保质保量地完成了勘测、设计、施工、验收等程序。该便捷通道的成功投入使用成了全区"不忘初心、牢记使命"专题教育的亮点工程。

第三项是对操场用地的争取。仁睦完小的外操场因为历史遗留问题，一直以来被周边群众当作免费的停车场。仁睦完小的前几任领导顾虑到群众因素，没有着手处理相关的问题。这件事张正委一直放在心上。2018年12月的一天，周围的群众和疏导交通的老师发生了纠纷，学校领导以此事为契机，联系多

⊙ 2021年7月，张正委（发言者）在全区劳动教育讲座上交流经验

个部门，终于解决了学校外操场的历史遗留问题，将外操场用地彻底回收并规范使用。后来，周围群众自动和学校达成默契，师生一来，他们就走，早早将汽车从操场用地上挪出去，和学校共同构筑孩子们成长的良好空间。

第四项是对劳动基地的争取。张正委和其团队多次向街道和社区反映建设劳动实践基地的想法。校方的执着和坚持赢得了上级领导对这个项目的支持，学校最终成功租得6亩土地，后期又争取到了教育局的支持，将其与操场围墙的整修项目合并，完成了劳动实践基地的整体规划与建设。

劳动实践基地还获得了区科协的大力支持：为实践基地构筑起了文化墙，增建了气象站、风向监测站，还安装了喷灌和滴灌系统。劳动实践基地成了孩子们实践的场所、学习的乐园。市、区的相关媒体还对建成的劳动基地进行了宣传报道。渝北文明网的文章《校园"长"出开心农场　学生生活有点儿"田"》完整介绍了实践基地中的相关课程内容，让大众了解到一个具有创新活力的仁睦完小。

张正委用自己对教育事业的热爱，带领仁睦完小先后获得了全国流动人口健康促进示范学校，重庆市劳动联盟单位，渝北区文明礼仪示范学校、文明单位、安全文明校园、语言文字示范学校、卫生健康示范学校等荣誉称号。

一路走来，张正委加深了对爱在学生成长路途中重要性的认识。爱是教育的灵魂，只有融入了爱的教育才是真正成功的教育。

仁爱教育思想初成

仁睦完小始建于1939年，前后历经15任校长。虽然主持工作的人在更替，但学校的办学理念——"仁爱和睦"——恒久不变。对于学校的办学理念，尤其是其中的"仁爱"二字，张正委有自己的解读。

"仁爱"一词出自《淮南子·修务训》："尧立孝慈仁爱，使民如子弟。"许慎的《说文解字》有言："仁，亲也。"其本义是对人友善、相亲。《论语·颜渊》中又有："樊迟问仁。子曰：'爱人。'"

在张正委看来，"仁"是中国古代一个含义极广的道德范畴，"爱"是对于某个人或某个事物有真挚的情感。"爱"也是一种主动地、尽自己所能地、无条件地尊重和保护他人之需要的思想状态及言行实践。爱的基础是尊重，爱的本质是无条件的给予。仁是内在品质，爱是外在行动。"仁爱"既是儒家思想的内核，也是中华文化的道德原则和人格理想。

张正委还非常关注"仁爱"思想的当代性。进入新时代，习总书记对中华优秀传统文化进行了总结和概括："讲仁爱、重民本、守诚信、崇正义、尚和合、求大同。"足见儒家思想体系中的"仁爱"在现实中依旧有着强大的生机和活力。张正委认为：仁爱思想的重点就是以人为本，人道和谐，这些与社会主义核心价值观中的和谐、友善等一脉相承。那么在教育层面，"仁爱"思想又起着怎样的作用呢？这是作为教育管理者的张正委需要思考的。

他认为："仁爱"是一种教育思想、核心价值、精神源泉，对教育中的其他要素起着统领作用。在他的"仁爱"体系构想中，有"教育管理者""教育工作者""受教育者（家长）""学生"四个主体。教育管理者是关键，起着引领与指导的作用。教育工作者与受教育者是桥梁，既接受仁爱教育，又身体力行地影响学生。学生则是仁爱教育的重中之重。教育中提倡、宣传、培养仁爱精神，就是要坚持以生为本，重视人性关怀，以仁爱为德育之源，把人本、人性、人道作为终极道德价值。在学校的日常管理和教育实践活动中，以仁爱思想去指引人、教育人，用仁爱行动去培养人、塑造人，用仁爱环境去感染人、陶冶人，让人人汲取仁爱思想的营养，落实仁爱行动。

可以说，是仁睦完小的办学理念引发了张正委的思考，一个逐渐完善的"仁爱"教育体系在他的心中生根发芽。

办一所"巴学园"

在张正委的女儿读小学五年级时，语文老师给他们布置了一项国庆节作业，看完《窗边的小豆豆》一书并写出读后感。看着厚厚的书脊，孩子有些打退堂鼓。为了帮孩子树立信心，张正委和女儿来了场比赛：一个人看半天，比比谁最先看完，比比谁记得最多。最后，张正委陪女儿一起读完了这本书。正是这本书，打开了张正委的思路。文中所描绘的"巴学园"是一个近乎完美的学校，带给张正委无限的憧憬，那一个个有趣、生动的教学场景在他脑海中挥之不去。他想，"巴学园"就是自己心中最理想的校园模式呀！

《窗边的小豆豆》是日本作家黑柳彻子的作品，于1981年首次出版，黑柳彻子以自己的童年经历为创作素材，在作品中成功地塑造了小豆豆、小林校长等形象鲜明、个性鲜活的角色。时至今日，《窗边的小豆豆》已经先后用33种文字出版，受到世界各国读者的喜爱。《中国教育报》曾评："读完这本书，人们不仅记住了一个由六辆电车改成教室的学校，校名叫'巴学园'，更读到了一个儿童成长的旅程，这个旅程是创造力的形成和对社会适应的过程，是人与人之间相互理解和尊重的过程。"

这本书最吸引张正委的是"巴学园"里自由的教学环境和独特的教学方法，"巴学园"把废弃的电车作为学生上课的教室，教室里不设置固定的座位，学生每天都可以选择不同的座位就座。在"巴学园"里，甚至课表都是不固定的。上第一节课时，老师会把一天要上的所有课程和学习中需要掌握的知识点在黑板上罗列下来，然后告诉同学们："下面就开始上课了，从你最喜欢的那门课开始吧。"

在"巴学园"里，学生们在不知不觉间就懂得了规矩，独特的教育环境培养了他们的行为习惯。放学后，孩子们都不愿意回家，第二天很早就起床，早早洗漱好盼着能早点儿到学校去。"巴学园"简直是学生的天堂。

"仁睦完小的孩子们多是来自全国各地的进城务工人员子女，他们来自不同地域、不同民族，家庭教育水平参差不齐，孩子习惯千差万别，那是缺爱的结果啊！怎样才能办一所他们喜爱的学校呢？为什么我不能也办一所'巴学园'？"张正委想着想着激动起来，奋笔疾书。

从提出构想到写出课题研究计划，张正委花足了力气，他的脑海中总是浮现着一个个孩子羞怯的笑脸，他知道，自己在做一件有意义的事。2019年12月，张正委主持的课题"仁爱理念下'巴学园'建设策略研究"终于成为渝北区教育科学规划课题，并被列入重庆市渝北区教育科学"十三五"规划2019年度规划课题。

"巴学园"将是一所"用心尊重孩子"的学校，让教育回归孩子的生活，用"尊重"来成就孩子的起点。仁爱理念是对"巴学园"的界定和表达，是"巴学园"建立的基础。其实，在提出"仁爱理念下'巴学园'建设策略研究"课题前，仁睦完小在2015年时就提出了"以'慢教育'为核心理念的仁爱教育实践模式研究"课题，并获得区级重点立项，"仁爱理念下'巴学园'建设策略研究"是对该课题的深入探索和发展研究，更是仁爱理念在校园建设中的具体化呈现。

爱的"巴学园"，要以爱为核心，营造让学生在爱中慢慢成长的校园环境，其中包括学校教育管理、教学服务等各个方面的创新。学生作为发展中的个体，其主体性意识需要通过多渠道来进行培养。张正委深知教育是一种有目的、有计划、有组织的社会活动，需要通过促进人的社会化和个性化来开展实践活动。

在研究过程中，张正委被法国著名教育学家卢梭的一句话深深触动："大自然希望儿童在成人以前就要像儿童的样子。如果我们打乱了这个次序，我们就会造成一些早熟的果实，他们长得极不丰满也不甜美，而且很快就会腐烂：我们将造出年纪轻轻的博士和老态龙钟的儿童。"张正委领悟到：教育要遵循孩子最自然的天性，孩子们的主体性意识需要被唤醒，但唤醒他们的同时不能过分地干预，要让孩子在学习中掌控自己的主体地位。学校、教师、家长只需要营造良好的环境，让孩子避开不良的影响因素即可。

⊙ 2020年11月，张正委（前排右六）参加重庆市中小学校园文化建设骨干培训班

张正委和其团队在"仁爱理念"的基础之上，构筑其以"爱"为主题的校园文化。学校划分为三个功能区：下操场的食堂为"爱味轩"，学生们在这个功能区中分享在劳动中收获的果实，享受劳动带来的幸福感。中操场和教学楼命名为"爱学园"，是"巴学园"的变体，学生们在轻松的环境中学习知识，锻炼身体。上操场的围墙边紧挨耕地，仁睦完小协调周围的村民，流转土地十多亩，建设了劳动实践基地，名为"爱耕苑"。在这里，老师会组织学生们学习粮食作物的种植技术，观察蔬菜的生长周期，品尝劳动的艰辛，收获劳动的快乐。三个功能区彼此联系，和谐统一。教学团队在设计时，力求让校内环境尽量贴合每个学生内在的发展规律，让他们能够在轻松快乐的学习环境中茁壮成长。

爱的"巴学园"，以爱为重要前提。张正委着力构建的是以"爱"为前提的尊重、理解、包容的师生、同事关系。彭兴顺教授在《教育就是唤醒》一书中指出："教育的艺术，不在于传授，而在于鼓励、鼓舞和唤醒。"在唤醒孩子之前，更重要的是先唤醒教师。张正委和其教学团队提出：唤醒教师，一要唤醒教师的爱和责任，使其自觉地践行师德规范。二要唤醒教师对于职业的审美情趣，不断升华对教师职业的认识境界。三要唤醒属于教师的雄心壮志，让其能够以饱满的热情探寻专业发展的道路。最后要唤醒教师的育人担当，一方面让教师着眼于学生的终身发展，观察全局以培养学生行为习惯的养成；另一方面让教师发现学生的优势潜能，把学生当作独立的人、独特的人。

为了加强教师队伍的建设，仁睦完小还修订了教师团队的评价体系，如《绩效考核方案》《仁爱教师期末考核方案》《仁爱教师年度考核方案》《仁爱教师教学常规评价方案》《仁爱教育形象最美教师评选表彰方案》《最美仁爱教师评价细则》等。这些制度的核心是以人为本，通过科学的评价机制来激励教师追求进步。

在学生的个体评价方面，张正委及其团队在仁睦完小开发出了一套以爱为特色的学生评价体系。他们将这种以学生为主体的评价体系叫作"班级人人有岗位——仁爱少年自主成长评价激励体系"。对于学校内情况相对特殊的学生，张正委和其教学团队遵循班级人人有岗位的个案研究方法，制定适合学生发展的评价体系，不搞"一刀切"。通过学生进行自我评价、互相评价、家长评价、教师评价、班级评价、学校评价，多维度、多方面共同组合，助力学生健康成长。

"五育并举"，让爱发芽

2018年9月，习近平总书记在全国教育大会上提出要培养德智体美劳全面发展的社会主义建设者和接班人。在深入贯彻习近平总书记重要讲话精神过程中，教育系统逐步形成"五育并举"的提法，将其作为加快推进教育现代化、建设教育强国、办好人民满意的教育的重要指导理念。"五育并举"已成为新时代中国教育发展的基本趋势。

张正委及其教学团队发现仁睦完小秉承了80余年的仁爱理念，与中央教育精神高度契合，在"五育并举"大背景下提出了"坚持五育并举，培养仁爱新人"的核心办学理念，开发出"五育+爱"的融合课程体系，对"五育的目标、五育的路径、五育与爱的融合、五育的课程载体"进行了深入探索。

张正委总结五育的目标为：德育有心，突出实效；智育有品，水平提升；体育有质，身心康健；美育有度，美润心田；劳育有效，乐于实现。他又将五育路径归纳为：思想铸魂，立德树人；以智开蒙，启智明心；勇于拼搏，热爱锻炼；赏美创美，熏陶身心；动手动脑，自立勤劳。在五育和爱的融合问题上，张正委提出了德育要"爱党、爱国、爱人民"，智育要"爱学、爱练、爱钻研"，体育要"爱己、爱比、爱运动"，美育要"爱声、爱形、爱创造"，劳育要"爱想、爱动、爱实践"。

最让张正委感到欣喜的是，课题团队齐心协力，潜心开发了五类总计三十门的五育特色课程作为五育教育的载体。其中德育六门：探访红色基地、聆听红色故事、走进文博展馆、理解传统文化、爱过传统节日、名家走进校园；智育六门：书虫我来当、监测我全能、我是智慧脑、能当主持人、热爱做实验、课本剧我演；体育六门：了解身体、悦纳自己、灌篮高手、国球乒乓、快乐晨跑、愉快课间；美育六门：口风琴、声乐团、缠绕画、粘贴板、手工组、书法苑；劳育六门：家务劳动、农耕实践、养蚕宝宝、育苗社团、班级有岗、社区志愿。这些课程设在课堂里，也在课堂外。"爱味轩""爱学园""爱耕苑"里处处洋溢着学生们的欢笑声，学生们在爱的"巴学园"里求知、探索、互助、成长。

劳育课程是五育课程里最具特色，也是被报道最多的课程。说起设立课程的初衷，源于张正委遇到的一件小事。

一次，张正委到食堂吃午饭时，发现餐盘回收处堆满了装着剩饭剩菜的餐盘，有的餐盘看起来像是没有食用过。农民出身的张正委感到无比痛心。都是农民家的孩子，怎么这样不爱惜粮食？

张正委决定站在餐盘回收处等学生。没过多久，一个学生端着餐盘走过来，盘里的空心菜剩了一大半，旁边还有两片没吃完的回锅肉。张正委轻轻拍了下学生的肩膀，微笑着问他学校的饭菜是否合胃口。那孩子察觉到有人拍自己的肩膀时就已经很紧张了，看到是校长，心里更是紧张得直打鼓，赶忙回答学校的饭菜很好吃。张正委又指着盘子里剩下的空心菜，让他说一说这个菜的名字，学生支支吾吾答不上来。看来这些孩子已经脱离真正的劳动生活太久了，出现了四体不勤、五谷不分的毛病。这可怎么办？

能不能对已有的劳动教育课程进行改造升级？张正委及其团队开始研究。仁睦完小隶属渝北区的双凤桥街道，虽然属于城市学校，但地理位置十分特殊。校园周边有大量未被征用的农耕土地，仁睦完小的校舍有一部分紧挨周边的农户土地。教师团队提出可以租用农耕土地，将其作为劳动实践基地，对学生进行劳动教育。仁睦完小的许多教师年龄在40岁左右，有不少教师出身于农村家庭，都有着在乡村学校任教的相关教学经历，在指导学生农耕实践方面有丰富的经验。

为了更好地推进劳动教育课程计划，仁睦完小成立了以校长张正委为组长，副校长饶世云、黄键为副组长，全体行政人员为成员的劳动教育领导小组。小组内部分工明确，聘请了农科专家2人，设立劳动专兼职教师15人。在开展劳动教育1年后，参与到劳动实践教育的师生总计2200多人。

张正委及其团队首先撰写了《渝北区仁睦完全小学校劳动教育工作职责》《渝北区仁睦完全小学校劳动教育操作手册》《渝北区仁睦完全小学校劳动教育考核评价方案》等规章制度，如此一来，创新了学校管理环节中的体制机制，让劳动教育的顺利开展有了保障，劳动教育也因此取得了实质性效果。

张正委及其教学团队还创新了班级的考核评价制度，每个月对班级劳动教育情况进行考核，考核内容覆盖课程教学、劳动时间、参与人数、参与项目、劳动基地中农作物的品种和数量，以及收获的数量等多个方面，每个月的考核结果同时纳入班级五育发展考核成绩中。

劳动教育实践活动的开展，从侧面反映了仁睦完小"五育+爱"的育人特色。劳动实践基地中所有收获的粮食和蔬菜，如果班级的师生自己食用，按照每斤0.5元称量计算。如果收获以后上交学校集体，由食堂进行汇总加工后，分配到学校设置的"劳动成果共享处"，由值周领导分配给全校学生，学校按照每斤2.5元进行称量计算。所得的收入，归入班级劳动成果金额中，而班级劳动成果金额同样是班级考核中的一环，班级每个学期进行汇报，所得金额用作班费，当作班级的种子基金。

此外，学校每学期还对师生的日常表现进行综合考核，评选出在劳动实践活动过程中表现优异的学生和老师，评出学生劳动小能手和优秀劳动教育教师，并对劳动小能手和优秀教师的事迹进行宣讲，邀请他们分享自己在劳动过程中的收获，以此在学校形成比、学、赶、超的良好学习氛围。

在这些具有开创性特点的理念指引下，在仁睦完小全体教职工的共同努力下，劳动实践课程取得了一定的成绩，最明显的当数学生劳动的观念比以前更强了，他们掌握了比以前更丰富的劳动技能，养成了自觉劳动的良好习惯，也比以前更珍惜劳动果实，学校食堂里浪费粮食的情况有了明显的减少。

学校的校园环境得到了改善，师资力量得到了强化，办学的质量和规模更是获得了极大的提升，人民群众对仁睦完小办学的满意度也得到了提升。渝北区总工会、区农委、区教委的领导多次到仁睦完小进行检查指导，高度肯定了仁睦完小在劳动教育方面所取得的成果，后经渝北区总工会和区农委评定，确定仁睦完小为学校劳动实践基地、农科创新基地。学校先后获得"全国流动人口健康促进示范学校"等十余项荣誉，张正委也被评选为"重庆市劳动教育优秀校长"。

张正委团队也非常关注五育的各参与方，从参与主体方面提出了"五育+爱"的4个篇章。学校篇：五育并举，着眼未来；教师篇：全面关注，助生成才；学生篇：博学广蓄，成就精彩；家长篇：近心竭力，伴子将来。在4个篇章中，张正委最关注的是家长篇。"近心"之"近"，为"靠近、走进"之意，他认为家长要了解孩子、理解孩子、体贴孩子、走进孩子的内心，站在孩子的角度去思考问题、处理问题。

张正委团队曾做过这样一项统计，仁睦完小90%的学生都是随迁子女，随迁子女中父母来自农村的学生比例为100%。他们的父母在城市里以打工获得的劳动报酬为主要经济来源。有的家庭为了让孩子接受城市教育，不惜"砸锅卖铁"也要让孩子入读城里的学校。这一方面反映出"知识改变命运"的观念深入人心，另一方面也反映出城乡教育资源分配上的不平衡。

父母虽然对孩子的学习有所重视，但在孩子日常行为的养成和学习习惯的培养上，却常常无能为力。常见的情况是，父母因为打工忙，抽不出时间来陪孩子。有的家长只看重孩子的学习成绩，却不注重对孩子综合素质的培养。所以在整个教学体系的设置中，张正委把家长放在了最后一环。

第七章　弘扬时代精神

劳模精神代代传

2010年4月24日，张正委按照渝北区总工会文件的相关安排，准备到北京参加全国劳模表彰大会。当天下午三点左右，张正委来到大坪歇台子附近的渝州宾馆报到。在这里，他见到了重庆市其他的劳模代表，和他们交上了朋友。

4月25日上午九点，重庆市81名全国劳动模范和先进工作者在渝州宾馆的前厅集合，准备出发前往重庆劳动人民文化宫参加重庆市全国劳模和先进工作者纪念墙的揭幕仪式。市总工会的领导亲自到宾馆迎接。在揭幕仪式结束后，所有代表乘车前往市委办公厅，又受到了市领导的亲切接见。

中午用过午饭后，代表们集体前往江北机场，于当天下午一点乘机飞往北京。在登机时，张正委看到机场和航空公司的领导都站在舷梯前为他们送行。经过两个多小时的飞行，飞机安全抵达北京。到达入住的宾馆，张正委发现宾馆房间的门上贴有代表的名字，桌上整齐摆放着荣誉证书、奖章、劳模表彰大会邀请函、教育部座谈会邀请信、劳模纪念大会首日封及北京当天的各大报纸。主办方的贴心与细心让张正委有了宾至如归的感觉。

晚上七点，代表团在宾馆的会议室召开了进京以后的第一次

⊙ 2010年4月，张正委被评为全国先进工作者，登上天安门城楼拍照留念

会议。市总工会领导向各位代表讲述了未来两天的日程安排，并强调了一些参会时的注意事项，张正委听得极其认真，在笔记本上记下了许多关键点。

　　新中国成立以来，一代又一代的劳动人民挑着重担走在社会主义建设道路的最前端。历史是人民创造的，社会主义是干出来的，新时代是奋斗出来的，劳模精神在千万劳动者中传承着。习近平总书记在2020年11月24日全国劳动模范和先进工作者表彰大会上强调：劳动模范是"共和国的功臣"，要"大力弘扬劳模精神、劳动精神"。劳模精神丰富了时代精神和民族精神，也是对劳动模范高尚行为的提炼和概括。劳模精神根植于我国五千多年的中华优秀传统文化土壤，形成于中国共产党的百年奋斗伟大实践，是中国共产党精神谱系的重要组成部分。大力弘扬劳模精神，是践行社会主义核心价值观的必然要求。

　　每一个时期的劳模精神或许有不同，但其中不变的基调是对于劳动者的高度赞扬。回望劳模精神的发展历程：新中国成立前，在陕甘宁边区等革命根据地，无数以"劳动最光荣"为劳动理念的劳动模范在生产运动中大展身手，涌现出"边区工人一面旗帜"赵占魁、"兵工事业开拓者"吴运铎等劳动模范。1950年9月25日召开的全国工农兵劳动模范代表会议，表彰了400多位新中国成立前后的劳动模范，其中就有"铁人"王进喜、"为人民无私奉献的县委书记"焦裕禄。改革开放后，乘着改革开放的春风，科学技术是第一生产力成为社会共识，涌现出"蓝领专家"孔祥瑞、"知识工人"邓建军等一批劳模代表。

新时代下，劳模精神被赋予了新的时代内涵，习近平总书记指出："在长期实践中，我们培育形成了爱岗敬业、争创一流、艰苦奋斗、勇于创新、淡泊名利、甘于奉献的劳模精神，崇尚劳动、热爱劳动、辛勤劳动、诚实劳动的劳动精神，执着专注、精益求精、一丝不苟、追求卓越的工匠精神。"我国正处在实现中华民族伟大复兴的关键时期，要实现这一伟大愿景，需要深刻把握劳模精神的内涵和价值取向。

教师是人类心灵的工程师。中国的复兴之路少不了无数活跃在教育一线的老师的无私奉献。从花六村小学到华蓥山中心小学校再到仁睦完小，张正委坚守山区教育岗位27年，用自己的实际行动诠释了"爱岗敬业、争创一流、艰苦奋斗、勇于创新、淡泊名利、甘于奉献"的劳模精神。回顾教学生涯，张正委感慨万千。他深知，劳动模范们也许出身普通，岗位平凡，但他们在自己的岗位上做出了一番并不平凡的成就，谱写着一首首属于自己、属于时代的奋斗之歌。在实现中华民族伟大复兴的征程上，无数的劳动者都被同一种力量所感召。

这力量的名字叫——中国。

⊙ 上图 张正委全国模范教师证书
⊙ 中图 张正委"全国先进工作者"证书
⊙ 下图 张正委"重庆市先进工作者"证书